世界历史穿越报

SHIJIE LISHI CHUAN YUE BAO

用有趣的文字
讲真实的历史

世界的摇篮

彭凡 / 著

全国百佳图书出版单位
化学工业出版社
·北京·

图书在版编目（CIP）数据

世界历史穿越报. 世界的摇篮/彭凡著. —北京：化学工业出版社，2021.9（2025.1重印）
ISBN 978-7-122-39333-3

Ⅰ. ①世… Ⅱ. ①彭… Ⅲ. ①世界史-儿童读物 Ⅳ. ①K109

中国版本图书馆CIP数据核字（2021）第113844号

责任编辑：孙　炜　　　　　　　文字编辑：刘　璐　陈小滔
责任校对：刘　颖　　　　　　　装帧设计：尹琳琳

出版发行：化学工业出版社（北京市东城区青年湖南街13号　邮政编码100011）
印　　装：北京宝隆世纪印刷有限公司
710mm×1000mm　1/16　印张12　2025年1月北京第1版第5次印刷

购书咨询：010-64518888　　　　　　　　　　　　售后服务：010-64518899
网　　址：http://www.cip.com.cn
凡购买本书，如有缺损质量问题，本社销售中心负责调换。

定　　价：39.80元　　　　　　　　　　　　　　　版权所有　违者必究

世界历史穿越报

· 世界的摇篮 ·

前 言

每个民族，都有自己的过去。

每个国家，都有自己的历史。

那么，那些跟我们不同肤色、不同语言的人们，他们又是从哪里来的呢？

他们会不会和我们一样，也有自己的黄河母亲？

他们是怎么学会说话和写字的？

他们也爱吃米饭跟馒头吗？

他们也穿丝绸做的衣裳吗？

他们也有皇帝吗？他们的皇帝跟我们的皇帝一样拥有至高无上的权力吗？

他们创造过哪些了不起的成就和辉煌呢？

也许，他们有很多跟我们一样的地方，但他们一定也有很多跟我们不一样的地方。

为了搞清楚这些问题，我们报社的工作人员全体出动，乘坐时光机，穿越遥远的时空，去探访世界各地的人们曾经是怎么生活的，去见证在他们身上发生过哪些波澜壮阔的事情。

我们将采访到的一切，都刊登在《世界历史穿越报》中。我们将报纸做成一个合订本，每册有10~12期。这套《世界历史穿越报》一共有十个合订本，分别记录了我们在不同时空、不同国家的所见所闻。

  每一期报刊都是我们冒着生命危险，辛苦采访和探寻的结晶，相信里面精彩的栏目和内容一定会让你大饱眼福——

  "世界风云"是主打栏目。这里刊登的全是世界大事，譬如国家的诞生、战争与荣耀，以及帝王的生平事迹，等等。

  "自由广场"是一个有趣的栏目。这里刊登了我们在各个时空的酒吧中搜集的各种奇奇怪怪的言论。你会发现，古人和今人一样，也喜欢聚在一起讨论各种八卦新闻呢。

  "奇幻漂流"是我们专门为历史人物设立的一个来信栏目。他们遇到疑惑和烦恼，会给报社来信，我们有专业的编辑贴心为他们解答疑惑，抚慰他们的心灵。

  "名人来了"是一个采访栏目。我们派出报社最八卦、最大胆的记者越越，去采访当时最杰出、最有争议的名人，挖掘他们的内心世界，将他们最真实的一面展现给大家。

  另外，我们还有"智慧森林""嘻哈乐园""广告贴吧"等栏目，为大家展现当时最先进的科学技术、最时髦的文化潮流，以及一些五花八门的广告、漫画等，一定让你目不暇接，忍俊不禁。

  最后，我们希望读者们能够通过这套报刊，学到知识，认识世界，成为一个视野开阔、见识广博的人。

目 录

第❶期　刻在泥板上的字

【顺风快讯】	号外！号外！城邦出现了	2
【世界风云】	妙招，把字刻在泥板上	3
	我是"大地之王"	6
	世界上第一部法典	8
【自由广场】	人类从哪里来的？	10
【奇幻漂流】	为什么人们要住在河边？	11
【智慧森林】	爱思考的苏美尔人	12
	一首英雄的史诗	13
【名人来了】	特约嘉宾：萨尔贡	15
【广告贴吧】	苏美尔谚语	17
	招书记员一名	17
	谁来救救我们	17

第❷期　石柱上的法典

【顺风快讯】	一做"小弟"几百年	19
【世界风云】	为天下，兄弟也可当棋子	20
	刻在石柱上的法典	21
【自由广场】	比黄金还贵的新武器	25
【奇幻漂流】	亲人残杀，何时了？	26
【名人来了】	特约嘉宾：汉穆拉比	27
【广告贴吧】	征兵启事	29
	邀请函	29
	给法官的一封感谢信	29

第❸期　尼罗河的礼物

【顺风快讯】	尼罗河的礼物	31
【世界风云】	上下埃及之王	32
	法老和他的子民们	35
【自由广场】	埃及的怪事特别多	37
【奇幻漂流】	尼罗河的水从哪里来？	38
【智慧森林】	烦恼带来的智慧	39
	纸、墨、笔、字	40
【名人来了】	特约嘉宾：美尼斯	42
【广告贴吧】	热烈欢迎"第一滴水之夜"	44
	新鲜的蓖麻子到货了	44
	这里有喝不完的美酒	44
【智者为王】	智者为王第 1 关	45

第❹期　木乃伊和金字塔

【顺风快讯】	死亡只是一个新的开始	47
【世界风云】	一则关于木乃伊的神话	48
	死也要住大房子	50
	了不起的金字塔	52
【奇幻漂流】	如何制作木乃伊？	54
【自由广场】	把法老们从金字塔里丢出去！	56
【名人来了】	特约嘉宾：胡夫	57
【广告贴吧】	求白色睡莲若干	59
	出售动物若干只	59
	起来，不愿被欺辱的人们！	59

第❺期　胜利之王

【顺风快讯】	一群骑怪兽的牧人	61
【奇幻漂流】	女人也能当法老？	62
【世界风云】	胜利之王打造超级帝国	63
	三个太阳神	65
	只准信一个神？不！	66
	一场没有赢家的战争	70
【自由广场】	法老成了稻草人	72
【名人来了】	特约嘉宾：拉美西斯二世	73
【广告贴吧】	将胜利刻在方尖碑上	75
	两国休战文书	75
	禁止杀害圣兽	75

第❻期　紫红之国

【顺风快讯】	一个没有国家的民族	77
【世界风云】	紫红色的国度	78
	钻到钱眼里的人	80
	了不得的海上骑手	82
【智慧森林】	有了 ABC，从此很 HAPPY	85
【自由广场】	穷得只剩下钱了	87
【名人来了】	特约嘉宾：无名氏	88
【广告贴吧】	欢迎来到腓尼基商铺	90
	水手召集令	90
	三层划桨战船研制成功	90
【智者为王】	智者为王第 2 关	91

第❼期 跟着王子出埃及

【顺风快讯】	王子带着奴隶出走了	93
【绝密档案】	走走走，何处是真正的家	94
【奇幻漂流】	是走，还是回？	96
【世界风云】	犹太人和他的邻居们	97
	爱打仗的父亲	99
	爱赚钱的儿子	101
【自由广场】	先知的警告	103
【名人来了】	特约嘉宾：所罗门	104
【广告贴吧】	寻找所罗门的宝藏	106
	打造铁器	106
	欢迎女王的到来	106

第❽期 巴比伦之囚

【顺风快讯】	"两兄弟"分了家	108
【绝密档案】	恐怖之国	109
【奇幻漂流】	要智取，不要硬攻	112
【世界风云】	巴比伦之囚，谁的错？	113
	国王是个伟大的建筑师	115
【智慧森林】	巴比伦人的智慧	118
【自由广场】	谁能灭掉新巴比伦	119
【名人来了】	特约嘉宾：亚述巴尼拔	120
【广告贴吧】	和平公约	122
	关于奴隶的一些许可	122

第❾期　印度河的曙光

【顺风快讯】	一群特别爱清洁的人	124
【自由广场】	突然消失的两座城	125
【世界风云】	高贵的人和低贱的人	126
	不当王子当佛祖	129
【奇幻漂流】	哪个是真，哪个是假？	130
【名人来了】	特约嘉宾：净饭王	131
【广告贴吧】	不得偷看《吠陀经》	133
	处刑公告	133
	王后要回娘家生孩子	133
【智者为王】	智者为王第 3 关	134

第❿期　波斯帝国的崛起

【顺风快讯】	欢迎来自大草原的客人	136
【世界风云】	高原上的新霸主	137
	一个怪梦引发的战争	139
	波斯人民站起来了	141
	谁的财富	143
【自由广场】	世界之王！伟大的王！	145
【奇幻漂流】	该把王子作为人质吗？	147
【名人来了】	特约嘉宾：居鲁士大帝	148
【广告贴吧】	关于吕底亚人的规定	150
	回家吧，犹太人	150
	请给我们一点食物吧	150

第 ⑪ 期　神经病和冒牌货

【顺风快讯】	波斯王要娶埃及公主	152
【奇幻漂流】	聪明一世，糊涂一时	153
【世界风云】	这个国王病得不轻	154
	国王是个冒牌货	156
【自由广场】	高墨塔到底是谁？	159
【名人来了】	特约嘉宾：冈比西斯二世	160
【广告贴吧】	告埃及臣民书	162
	给波斯人的一项建议	162
	寻找失去的军队	162

第 ⑫ 期　铁血大帝

【顺风快讯】	马儿叫出来的国王	164
【自由广场】	权力交给谁最好？	165
【世界风云】	苦肉计，智取巴比伦	166
	既能打天下，也能治天下	168
【奇幻漂流】	我是不是违背了天意	172
【名人来了】	特约嘉宾：大流士一世	173
【广告贴吧】	寻找国王	175
	国王的宣言	175
	招庄园管理人	175
【智者为王】	智者为王第4关	176

【智者为王答案】　　　177
【世界历史大事年表】　　　179

第 1 期

〖公元前 3500 年左右—公元前 1894 年〗

刻在泥板上的字

穿越必读

两河流域是世界文明最早的发祥地之一。最早在两河流域创建文明的是苏美尔人。之后，阿卡德人、巴比伦人、亚述人等在这里建立国家，上演了一幕幕征服与被征服的故事……

顺风快讯

号外！号外！城邦出现了
——来自两河流域的快讯

来自两河流域的快讯！

（本报讯）公元前3000年左右，我们在两河流域的美索不达米亚平原（位于今伊拉克境内）上发现了几十座城邦。

两河流域，指的是底格里斯河与幼发拉底河流域。建立这些城邦的人，叫苏美尔人。

一个城邦，就是一个以城市为中心的小国家。苏美尔人建立了这种城邦，说明他们已经创造出了文明。

那么，苏美尔人的文明到底发展到了什么程度呢？

记者调查发现，苏美尔人已经会建泥砖房，会造青铜武器，会用小麦制作面包和啤酒，还驯服了野牛和野羊！

更让人吃惊的是，他们还发明了文字——也许这是世界上最早的文字了。

这可真了不起！要知道这个时候，世界上很多其他地方的人，都还披着兽皮，像野兽一样在丛林里跑来跑去呢！

世界风云

妙招,把字刻在泥板上

　　本报记者对苏美尔人的文字十分好奇,特意研究了一阵子,现在将成果给大家报道一下。

　　文字最早出现在一个叫乌鲁克的城邦,后来渐渐传到苏美尔人的其他城邦。大家觉得这些字造得太复杂了,就对文字进行了一些简化和改造。经过几百年的使用和改造,原本上千个文字,被减少到几百个,但它们表达的内容却更加丰富了。

　　文字和语言不同的是,语言是拿来说的,文字是拿来写的。创造出文字后,要把它们写在哪里呢?(注:此时还没有纸和笔。)

　　不过,这难不倒聪明的苏美尔人。地面上什么东西最多?是泥巴呀。苏美尔人就把泥巴挖回去,做成一块块长方形的泥板,又把芦苇削得尖尖的,在上面压出一笔一画,像鸟的脚印。(注:用芦苇秆或小木棍写出来的字,下笔很粗,收笔很浅,就像一个楔(xiē)子,因此后人把它叫做"楔形文字"。)

　　写好了,苏美尔人就把泥板拿去晒干或烤干,

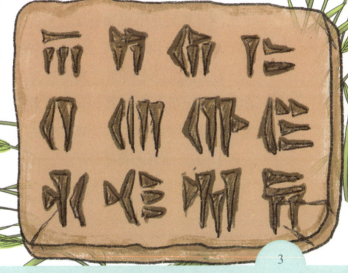

世界风云

这样文字就被保存下来了。

刚开始，苏美尔人写字的时候，是从右到左。可是渐渐地，苏美尔人觉得这样很不方便，因为写到左边时，右边的字往往就被写字的手给抹掉了。于是，苏美尔人就换成从左往右写的顺序。

苏美尔人的泥板书优点是：不怕火烧，不怕虫蛀，不会褪色，也不会腐烂，保存几千年都没有问题。可它也有一个缺点：容易磨损。人们千辛万苦把一批泥板书从一个地方运送到目的地，万一中途磨损了，导致上面的字看不清了，那不是白费工夫吗？

聪明的苏美尔人早想到了这一点，对于一些重要文件，他们把泥板做成里外两层，都刻上相同的文字。这样就算外层的文字磨损了，或者被人篡改了，还有里层的文字呢。

解决了磨损问题，还有一个问题：如果是很重要的书信，不能让送信人和其他人看到，该怎么保密呢？

这同样难不倒苏美尔人。他们在书信外面抹上一层薄薄的黏土，就像信封一样。收信人收到信件后，只要把"信封"敲碎，就能阅读信件了。

还有一些泥板书，记录着很长很长的文学故事和诗歌，需要十几块，甚至几十块泥板才能写完。可是泥板不能装订到一起，万一人们把书本弄混了，或者页码的顺序弄错了怎么办呢？

为了解决这个问题，苏美尔人在每块泥板上都刻上书名，又在下一块泥板上重复刻上上一块泥板的最后一行文字，还把每块泥板都标上序号。这样一来，就怎么都不会弄错了。

世界风云

我是"大地之王"

苏美尔人建立了很多城邦,可是这些城邦却不能和平共处。因为总有一些野心勃勃的国王,成天想着怎么抢人家的财产、妇女、土地和牛羊。战争就这么发生了。

各个城邦打来打去,最后,一个叫乌玛的城邦取得了胜利。乌玛国王征服了大多数苏美尔城邦,成了苏美尔地区的霸主。

被乌玛征服的城邦中,有一个叫基什的小王国。起初,基什国王为了保住实力,假意对乌玛国王百依百顺,还保证永远不会背叛乌玛国王。乌玛国王傻傻地相信了。可是,没过多久,基什国王就带着王公大臣和金银财宝逃跑了。

基什国王跑到北边,建立了一座新的城邦,叫"阿卡德",还给自己取了一个称号,叫"萨尔贡",意思是"真正的王"。

从这个称号可以看出,萨尔贡是个野心勃勃的人。很快,他建立了一支军队。这支军队和以前苏美尔各城邦的军队可不同。以前,苏美尔城邦每次打仗,都是从普通公民中征集士兵,组成军队,等仗打完了,士兵

我将永远效忠您!

世界风云

们就解散回家了，只留少部分守卫王宫。

萨尔贡的这支军队呢，士兵们除了当兵打仗，别的什么也不用干。可以想象，这种常备军，可比那些临时军队强多了。

萨尔贡靠着这支精兵，很快征服了周围的一些小城邦，建立了一个统一的阿卡德王国。

眼看时机到了，萨尔贡一个回马枪，杀向乌玛国。乌玛国王怎么也想不到，当初对自己低眉顺眼、逆来顺受的基什国王，会突然像凶神恶煞一样，领着军队杀进乌玛国，毁灭村庄，杀戮百姓。

就像当初乌玛国王占领基什国一样，萨尔贡很快占领了乌玛国。不过，萨尔贡可不像乌玛国王那么仁慈。他叫人用绳圈套住乌玛国王的脖子，把他拖到神庙门口，活活烧死了。

灭了乌玛国后，萨尔贡又向其他苏美尔城邦下手了。最后，萨尔贡吞并了所有苏美尔城邦，统一了两河流域南部。这在苏美尔人的历史上，是从来都没有的事，只有萨尔贡做到了。

萨尔贡非常神气，从此以后，就把自己叫做"天下四方之王""大地之王"。

世界上第一部法典

萨尔贡建立的阿卡德王国并没有维持很久。在它的周围，有很多游牧民族。他们没有苏美尔人发达的文明，只能住着漏风的帐篷，每天赶着成群的牛羊，到处寻找水源和草地。看到苏美尔人住着坚固的房子，拥有肥沃的田地，他们非常眼红。

于是，在萨尔贡死后，东北一支叫库提的游牧民族打进来，灭亡了阿卡德王国。阿卡德王国仅存在了一百多年。

阿卡德王国的人民当然不愿意被库提人统治，就齐心合力赶走了他们。之后，苏美尔城邦又成了一盘散沙，大家又开始了你争我抢的日子。

最后，乌尔王国取得了胜利，乌尔国王乌尔纳姆重新统一了两河流域南部。

世界风云

由于乌尔人以前建立过乌尔第一王朝、乌尔第二王朝，所以这一次，人们就把他们建立的国家叫做乌尔第三王朝。

乌尔第三王朝的第二任国王叫舒尔吉。他在位的时候，乌尔第三王朝达到了前所未有的巅峰。眼看国家一片繁荣，舒尔吉感到十分满意，于是学着萨尔贡的样子，也把自己称作"天下四方之王"。

和阿卡德王国一样，乌尔第三王朝也是个短命的王朝，甚至比阿卡德王国还短命，不过，它却让苏美尔人再一次走向辉煌——也是最后的辉煌。

乌尔第三王朝制定了一个远近闻名的法典，叫《乌尔纳姆法典》。它规定：如果有人帮你捉回逃跑的奴隶，你要付钱给他；如果女奴不尊敬她的主人，要受到惩罚；不可以伤害别人的身体，不然要罚钱；不许破坏别人的耕地，不然要赔偿食物；等等。

据记者调查，到《乌尔纳姆法典》颁布为止，世界其他地方还没有出现过类似的成文法典，所以说，它很有可能是世界上第一部成文法典。

自由广场

人类从哪里来的?

种小麦的苏美尔人

我奶奶说,人类是神创造出来的。我们以前居住的地方是一片汪洋大海,是神每天挖石填海,造出了大地,然后用水和泥,照自己的模样,捏出了许多活蹦乱跳的小人,才有了我们人类。她还说,神教会我们生火、做饭、造房子,我们必须要敬畏神,供奉神。

这故事我听我爷爷说过,据说神创造人类后,人越来越多,搅得天神不得安宁。天神很生气,要发场洪水,把人类毁灭。有个神很善良,把这个消息偷偷地告诉了一个凡人,叫他带大家逃走。那人就造了一艘大船,把人类和牲畜种子都装进船里。洪水一连发了几天,整个大地都变成了汪洋大海,一直到第七天才退。人类这才带着牲畜种子从船上下来,开始新的生活。

会酿酒的苏美尔人

爱提问的摩尔

咦,这种关于洪水的神话好多地方都有,能当真吗?如果世上真的有神,那为什么我从来没有见过他们呢?

天啊,你怎么能怀疑我们的神呢!该死该死!你不知道神可以创造人类,也可以毁灭人类,不可以得罪的吗?(转身向上天祈祷)神啊神啊,原谅他吧,他只是个孩子!

某祭司

(注:19世纪,英国生物学家达尔文提出了进化论的观点,人类是由已经灭绝了的古猿进化而来,推翻了"神创造人"的各种"神创论"。)

奇幻漂流

为什么人们要住在河边？

编辑老师：

　　您好！我是一个苏美尔人。我很喜欢水，也很喜欢我生活的地方，这里有我最亲爱的家人和朋友。

　　可是，我有一个问题，为什么我们要生活在河流的边上？为什么不去高山、沙漠，或者更远一点的地方，开辟一片新的天地，而是总守着河流呢？您能帮我解答一下吗？

向往远方的小朋友

小朋友：

　　你好！很高兴苏美尔人中有像你这样爱思考的人。正因为有你们，苏美尔文明才能得以延续和发展。那大家为什么要选择定居在河流边上呢？原因很简单，因为有水。

　　水是生命之源，是人类生活的必需品。住在河边，会比较方便取水。除此之外，河流的洪水还能从上游带来肥沃的土壤，有利于种植农作物。河流经过地势平缓的地方，泥沙容易沉积形成平原。地势平坦的平原，可以更好地建造城市。此外，住在河边，交通也比较方便，有利于人与人之间沟通和交流。所以，才会有那么多人喜欢在河边建设自己的家园。

　　（注：四大文明都起源于大河流域。古巴比伦文明起源于两河流域，古埃及文明起源于尼罗河流域，古印度文明起源于印度河流域，中国文明起源于黄河流域和长江流域。）

爱思考的苏美尔人

身为苏美尔的建筑物,我很自豪!

爱思考的苏美尔人闲着没事的时候,总爱往天上瞧。看见星辰缓缓移动,就以为是羊群在走动。慢慢地,他们对天上的"羊"越来越熟悉。

他们发现,月亮的圆缺有一定的规律,于是规定:月牙出现时,是一个月的开始;圆月变成月牙时,就是一个月的尾巴。这样一个月有的是 30 天,有的是 29 天,一年就有了 12 个月。

他们还创造了东南西北的概念,把星星按照神和动物的形象,分成不同的星座,还给每个星星取了名字。

此外,他们还掌握了加减乘除四则运算,知道了分数,以及求平方根、立方根的公式,还会以"个十百千"为数字单位,来表示越来越大的数字。

不过,他们最突出的一个科学成就是创造了"六十进位法"。什么叫"六十进位法"呢?大家都知道,用手指算数,数到十,就得重新数起(即"十进位法"),很麻烦。苏美尔人在计算数字时,把五根手指和 12 个月结合起来,5 乘以 12 等于 60,这就是"六十进位法"。比如,把圆周分为 360 度,把每小时划为 60 分,每分钟划为 60 秒,都是六十进位制的运用。

苏美尔的建筑也很有特色,大都有着弧形的拱门和屋顶,造型优美。怎么样,苏美尔人是不是很聪明呢?

一首英雄的史诗

如果你有幸去乌鲁克，一定会听到有人吟唱这样一首诗歌，诗歌中讲述了一个神奇的故事：

从前，有个叫吉尔伽美什的国王，长得俊美非凡，却总是强迫老百姓修城墙、建神庙。老百姓对他十分不满，便向天神安努祷告，希望能拯救自己。

安努于是派大神制造出一个叫安奇度的半兽人（一半是兽一半是人），去惩罚吉尔伽美什。可是，安奇度与吉尔伽美什大战几场后，势均力敌，惺惺相惜，反而成了好朋友。

安奇度喝了啤酒、吃了面包，变成了真正的人。吉尔伽美什在安奇度的影响下，也变得和善可亲。两人一起做国王，一起为民除害，把乌鲁克治理得井井有条。

谁知，女神伊丝塔对英俊的吉尔伽美什动了心，向他表白，被他一口拒绝。

伊丝塔恼羞成怒，就从父亲——天神安努那里借来一头神牛，给乌鲁克降了七八年的灾害。吉尔伽美什、安奇度忍无可忍，联合起来把神牛杀了。最后，安奇度还把一只牛腿扔到了伊丝塔的脸上，把她臭骂了一顿。

伊丝塔受了侮辱，气得吐血，回去向父亲和众神告状说，这两个人居然敢杀害神牛，简直是活得不耐烦了，必须处死他们其中一个。

智慧森林

不久,安奇度就得了重病,不治而亡。

吉尔伽美什伤心欲绝,抱着好朋友的尸体哭了七天七夜。他发现一个人再厉害,也难逃一死,于是决定去寻找一种长生不老的药。

他翻过一座座山,越过一条条河,用断一百多根船桨,最后终于在"死亡之海"的海底,找到一棵据说吃了可以长生不老的神草。

可是,他实在是太累了!在回去的路上,他一头栽倒在地上,呼呼大睡。这时,不知从哪爬来了一条蛇,一口吞掉神草,溜走了!

最后,傲慢的国王终于明白,再伟大的英雄,也会有死亡的一天。

诗里不仅讲述了大洪水的故事,还讲述了很多人文历史和神话传说,相当精彩。

因为这首诗,苏美尔人把吉尔伽美什当做他们的英雄,把这首诗叫做《吉尔伽美什史诗》——这可能是世界上最早出现的英雄史诗。

遗憾的是,上面的故事是苏美尔人口口相传下来的,目前为止还没有发现原诗的文字版本,至于它的原作者是哪位,就更无人知晓了。

没有电脑,没有硬盘,有泥板也不错!

名人来了

特约嘉宾 萨尔贡（简称"萨"）

越越（简称"越"）

> 嘉宾简介：阿卡德王国的创建人。他本来是一个弃婴，连亲生父母是谁都不知道，然而他凭借自己的实力当上国王，建立了统一的阿卡德王国，并第一个统一了两河流域南部。他野心勃勃，自大专制，是个令人敬畏，但却很难让人喜爱的国王。

越：萨尔贡殿下，你好，请问你的王位是你爸爸传给你的吗？

萨：你说的是哪个爸爸？

越：啊，你还有几个爸爸？

萨：我有一个亲生爸爸，还有一个养父。

越：那你的王位是哪个爸爸传给你的？

萨：哪个爸爸都不是。

越：……

萨：……

越：嗯，那你亲生爸爸是做什么的？

萨：不知道，我从来没有见过他。

越：那你养父呢？

萨：他是个园丁。

越：（不解）那你的王位到底是谁传给你的？

萨：这个嘛，是我自己挣来的。

越：哇，能给我们详细说说吗？

萨：行，那就从我的身世说起吧。我一出生，就被父母抛弃了。妈妈把我装到一个芦苇编的篮子里，丢弃在幼发拉底河的河边。一个宫廷园丁路过那里，把我捡回去，他就是我的养父。我长大后，就继承养父的职位，做了基什国的宫廷园丁。

越：从园丁到国王？这距离也太远了吧。

萨：是这样的，我做园丁的时候，国王见我聪明又勤奋，就提拔我做了他的近臣。

越：从近臣到国王？嗯，这下有希望了。那后来呢，你是怎么当上国王的？

萨：说起来，还得感谢乌玛国国王。要不是他占领了我们基什国，把国家搞得一

名人来了

团糟，我也没办法趁乱当上国王。

越：你是不是早就打王位的主意了？

萨：这话怎么说？

越：像你们这种野心家，我是最了解不过了。哪有什么"一不小心就当上国王"这种事情，一定是处心积虑谋划很久了。就算乌玛国不侵犯你们基什国，你也会想别的办法篡位吧。

萨：你这记者，还真是心直口快啊。

越：过奖，过奖。对了，你觉得自己是个好国王吗？比起原来的国王怎么样？

萨：呵呵，他怎么能跟我比？

越：怎么说？

萨：我白手起家，一手创建了阿卡德王国，他能做到吗？我只花了几天时间就灭了乌玛国，他能做到吗？我征服了所有苏美尔城邦，他能做到吗？只有强者才有资格称王，所以，这王位本来就该由我来坐。我才是真正的王，真正的"天下四方之王"……

越：（小声嘀咕）吹牛吧你，这天下大着呢。

萨：（自顾自说）……大地之王。这世间所有人都要听从我的命令。从今以后，天下就只需要有一张嘴就行了……

越：这也太专制了吧。

萨：专制？专制是什么意思？

越：就是独断专行，不听别人的意见。

萨：那又怎样？

越：你这样很容易引起造反的。

萨：（眉毛倒竖）谁敢造反？

越：人民呀！

萨：人民？我可是"天下四方之王"，天下的人民都要听我的！

越：（无语）好吧，你要这么想，我也没办法。再见！

（注：由于萨尔贡太过专横，到他晚年时，许多地区的人们都起来反对他。）

广告贴吧

苏美尔谚语

"穷人死掉比活着强。"

"吃羊肉的不养羊,养羊的吃不上肉。"

"鞋子是人们的眼睛,行路增长人的见识。"

勤劳善良的苏美尔人

招书记员一名

值农耕时节,本农场事务繁多,因事务需要,现招书记员一名,工作如下:收地租,记录牛羊每日所需要的饲料总量,记录来年所需的种子总量,以及关于灌溉计划的一切细节,等等。

要求:勤劳肯干,会认字,会算数。待遇面议。

乌尔农场招工处

谁来救救我们

我们是王室庄园的奴隶。我们每天从早到晚地劳作,还要被监工鞭打、虐待。上个月我们死了好几十个同胞,这个月又死了几十个。这样下去,我们迟早会死光的。谁来救救我们?

受苦的奴隶们

第2期

〖公元前1894年—公元前1204年〗

石柱上的法典

穿越必读

经过几十年的南征北战,古巴比伦的第六代国王汉穆拉比统一了两河流域,创建了一个前所未有的法制帝国,也给巴比伦文化带来了近三百年的辉煌。古巴比伦王国和古埃及、古印度以及古中国并称为"四大文明古国"。

一做"小弟"几百年
——来自巴比伦城的快讯

（本报讯）乌尔第三王朝也没有存在多久，就灭亡了。周围一些王国为了争夺地盘，打得不可开交。

公元前1894年，在美索不达米亚平原的南部，出现了一个叫巴比伦的王国（史称"古巴比伦"）。

说是王国，其实是一座不知名的小城市，虽然土地肥沃，但地方小，势力弱，周围的邻居随便拎一个出来，都要比它强。

为了不得罪这些"大哥"，巴比伦只能给它们当"小弟"，低头哈腰地活着。

不过，强中自有强中手，这些"大哥"的日子也不好过。因为很快，它们的北边出现了一个更强大的敌人——亚述国。在亚述国的打击下，邻居"大哥"一个个如同霜打的茄子一般——蔫了下去。

而巴比伦，这个做了几百年"小弟"的小王国，未来又会走向何方呢？

来自巴比伦城的快讯！

世界风云

为天下，兄弟也可当棋子

公元前1792年，在众人的欢呼声中，古巴比伦的第六代国王汉穆拉比登上了王位。

汉穆拉比是个聪明人，知道自己目前根本不是"大哥"的对手，于是表面上假装听亚述国王的话，乖乖地当"小弟"，暗地里招兵买马，积蓄实力。等到实力强大的时候，才开始慢慢对外扩张。

怎么个扩张法呢？远一点的王国，就结为盟友；近一点的王国，就举兵攻打。先攻打弱小的王国，再进攻强大的王国，最后，再各个击破。

比如，玛里王国远在西北，是平原上一个非常重要的交通枢纽，国力也较强大。汉穆拉比就先与玛里结盟，两个国王称兄道弟，别提有多亲热了。汉穆拉比甚至还承诺：以后玛里有什么事，尽管找他，他一定会尽全力支援！

这样的好兄弟，到哪里找呢？玛里国王感动得一把鼻涕一把泪，从此放下防备，一心一意地帮助汉穆拉比。

可这一切，不过是汉穆拉比的圈套！等到苏美尔和阿卡德地区全部落在他手里之后，他就立马翻脸，带兵攻到玛里城下。玛里国王后悔也来不及了，只好举手投降。

经过三四十年的征战，汉穆拉比征服一个又一个敌人，就连最厉害的亚述也被他打回北方的老家。公元前18世纪，汉穆拉比终于统一两河流域，完成了祖先想都不敢想的大业。

世界风云

刻在石柱上的法典

统一了两河流域，汉穆拉比算是解决了一个大麻烦。然而，随着国土面积的增大，人口的增多，老百姓的纠纷也多了起来，汉穆拉比又多了个新麻烦——每天要处理很多的案件。

又要打仗，又要处理案件，这些繁重的工作把汉穆拉比压得喘不过气来了。怎么办呢？

聪明的汉穆拉比想了一个好办法，他让人把过去的一些法律条文收集起来，再加上社会上一些约定俗成的习惯，编成了一部法典，并以他的名字命名——《汉穆拉比法典》，这样一来，有法可依，就不用他亲自一一审案了。

《汉穆拉比法典》编写好后，出现了一个问题：把法典写在什么地方，既能让大家都看到，而且还能长久保存呢？大家第一个想到的都是泥板，但是汉穆拉比不满意。

想了很久，汉穆拉比想到一个好主意：把法典刻在石柱上，然后把石柱立在城里。这样大家都能看到法典的内容，并且遵照执行。

果然，法典一竖起来，就受

我要创建一部人人都遵守的法律。

世界风云

到了很多人的关注。对于法典的内容,大家议论纷纷。很多人表示,大多数法律都是维护奴隶主的利益,不太公平。奴隶们更是对此嗤之以鼻,说他们看看就好,因为没有一条法律是保护他们的。

那它里面究竟是些什么内容呢?大家一起来看看吧!

《汉穆拉比法典》共有3500行,282条,共分为序言、正文、结尾三部分,体例十分完整。

序言和结尾部分都是对汉穆拉比的赞美。看过这部分的人表示,这其实是一篇对国王的赞美诗,是一帮溜须拍马的人写的。不过也有人反驳,说这表示国王的权力是神给予的,不容侵犯,老百姓怎么能胡乱议论呢?

全是拍马屁!

嘘,小声点!

你真敢说!

世界风云

这很可能是世界上第一部成文法典哦！

当然，大家最关注的还是正文部分。正文部分是法律条文，一共282条。法典中有一些这样的规定：理发匠剃去奴隶头发上的标记，就要切掉理发匠的手指；医生医死了病人，就要切掉医生的手指；奴隶不认主人，就要割去他的耳朵；打死奴隶的人只需要向奴隶的主人赔偿若干费用……

以上内容充分显示，这是一部奴隶主制定的法典，所有条条框框都是为了加强对奴隶的统治，又怎么会考虑奴隶的感受呢？

虽然老百姓很不喜欢这部法典，但记者发现，《汉穆拉比法典》的内容还是比较完备的，比如关于盗窃、诱拐、抢劫等条文，涉及刑法；关于结婚、离婚、遗产赠予等条文，涉及婚姻法；就连看病的价格，里面也有规定……总之，几乎所有生活中会遇到的纠纷，在这部法典里都能找到解决办法。

虽然之前苏美尔人制定过多部法典，但是都不完整，包括《乌尔纳姆法典》，所以《汉穆拉比法典》是迄今为止世界上第一部完备的成文法典。

这可真是了不起的事呢！要知道这个时候，世界上很多地方的人，都还在依靠风俗习惯处理纠纷呢。

这部法典还对其他民族产生了极大的影响。据一个古巴比伦商人回忆，他在全世界很多地方都看到过法典的泥板抄本。

就是靠着这部法典，汉穆拉比把古巴比伦治理得井井有条，迎来了古巴比伦最辉煌的时代！

嘻哈乐园

自由广场

比黄金还贵的新武器

哎呀,你们知道吗?赫梯人(居今土耳其境内)居然做出了一种叫铁的东西,这铁拿来做武器,锋利无比,比我们用的青铜武器先进多了。我们去跟他们学学冶铁术如何?

某刻印工

某造船工

听说赫梯人把那冶铁术看得跟绝世珍宝似的,根本不许外传。想学他们的技术是没门了,但买来铁锯用一用应该是可以的。

买不到呢!他们的铁比黄金还贵,价格是青铜的60倍,你买得起吗?唉,你买得起人家也不卖!就这么牛!

某放牛人

某小兵

赫梯这些年发展势头很猛,又擅长制铁,有许多铁制的兵器,听说他们最厉害的武器就是披着铁甲的战车,只要那战车出马,对方根本就不是对手!

唉,这么说来,赫梯迟早是我们的心腹大患。如今我们巴比伦里里外外一团糟,上面还斗个不停,这样下去,离亡国也不远了!

某珠宝商

(注:公元前1595年,赫梯王国灭掉古巴比伦王国,成为西亚地区的新霸主。)

奇幻漂流

亲人残杀，何时了？

编辑老师：

您好！我是赫梯的国王铁列平。眼看赫梯一天比一天强大，我心里非常欣慰。我衷心地希望我的国家能够永远这样强大下去。

但是我也知道，如果不能把赫梯最大的问题——王位继承问题解决，这个愿望永远不可能实现。

我的上几任国王，就因为这个问题，斗得你死我活，严重影响了赫梯的发展。我今天的王位，可以说是用鲜血换来的。

因此，我非常不愿意看到悲剧在我的后代身上重演。有什么办法可以让大家不要因为王位发生争斗呢？

赫梯国王 铁列平

尊敬的国王：

您好！有句话说得好，"无规矩，不成方圆。"今天的赫梯之所以闹成这样，就是因为王位继承没有确立一个像样的规矩。

所以，您不妨为王位继承确定一个规矩，由长子继承王位，长子如果不在，由次子继承，依此类推。如果没有儿子，就由侄子接替王位。如果连侄子也没有，就立长女婿为王。

此外，您还可以规定，不准因一人犯罪牵连到其他族人，就算是国王也不能随便处死自己的兄弟姐妹。这样，当了国王的人，就可以防止王室之间互相残杀，有利于内部团结。

编辑 穿穿

（注：铁列平改革了继承制度，调整了王室内部的关系，巩固了王权，让赫梯帝国空前强大。）

名人来了

特约嘉宾 汉穆拉比（简称"拉"）

越越（简称"越"）

> 嘉宾简介：古巴比伦王国第六代国王。据统计，他在位四十多年，对外征战的时间却有将近四十年，可以说是一位战争狂人。但与此同时，他也是一位卓越不凡的政治家。他的名字，将随着《汉穆拉比法典》，被世人永远铭记。

越：国王，您好，我们前段时间做了一个关于百姓对《汉穆拉比法典》满意度的调查。

拉：哦！你们调查了哪些人？

越：王宫里的奴隶、街边的理发匠、放羊姑娘……

拉：（不耐烦）他们满不满意无所谓，你告诉我贵族们满不满意就行了。

越：贵族们都挺满意的。可是您不怕其他人不满意，会造反吗？

拉：哼，谁敢？我的权力是神授予的，反抗我就是反抗神。

越：（小声嘀咕）自称"月神的后裔"，还真把自己当神了。

拉：你说什么？

越：呵呵，没说什么，就是觉得您太厉害了，居然能把广大的两河流域统一起来。

拉：（得意）这不算什么。

越：能给我们讲讲您是如何成为一方霸主的吗？

拉：说来话长，主要是一开始，我这个国王当得太憋屈了，什么事情都要听亚述王的，什么好宝贝都要献给亚述王。

越：为什么要听亚述王的呀？

拉：废话！强者为王啊！要是不听他的，你今天还能看到我吗？

越：那您肯定很不甘心吧？

拉：是啊，所以我一直在做准备。后来亚述王去世，趁着他们内乱的时候，我就摆脱了亚述的统治。

越：怪不得都说"机会是留给有准备的人"的！

拉：嗯，接着我和玛里结盟，

名人来了

灭掉了拉尔萨。说到这里，又想起了我的伤心事。

越：什么事？

拉：我和那玛里国王情同手足，可他居然带兵攻打我！

越：我怎么听说，是您不顾盟约，兵临玛里城下，逼他称臣呢？

拉：怎么能这么说呢？我一直想带他一起称霸美索不达米亚平原。但一山不容二虎，我们两人之间，总得有一个是君，有一个是臣吧？

越：好像有点道理。不过，如果您真的待他好，他为何会在两年后带兵反叛呢？

拉：唉，是他太不理解我了。他也不想想，虽然他是我的手下败将，可我并没有杀他啊！我待他不薄，他却举兵反叛，实在太伤我心了！

越：所以您就将玛里都城夷为平地，将你兄弟的王宫一把火烧了呢？

拉：野草不除根，春风吹又生，为了我的万千子民，只能这样了。

越：为了人民……好吧，咱不纠结这个了。那灭了玛里之后呢？

拉：之后我就带兵把亚述赶到北方，占领了埃什努那，最后就统一了两河流域。

越：就这样？能不能再说详细一点，比如打了几场仗，谁赢谁输……

拉：（打断）有什么好说的，每一仗都是我赢。

越：（怀疑）真的？

拉：那当然，我是神派来统治所有王的人，怎么可能会输呢？

越：（大汗）好吧，我没什么可问的了，谢谢您接受我的采访。

征兵启事

为了使王国变得更加强大，现需征集士兵若干名。要求身强力壮，愿意为国王而战。

一旦成为士兵，即可领到一份可以传给后代的土地（注：不能买卖）。若是谁敢侵占你们的财产，将会被处以死刑。

这么好的条件，你们还等什么呢，赶紧来报名吧！

巴比伦常备军招兵处

邀请函

七天后，我们的国王将在尼尼微的宫殿里举办一场盛大的宴席，有喝不完的啤酒和葡萄酒。我们将邀请六万九千多人来参加这次宴会，与民同乐。欢迎自荐，女性谢绝入场。

亚述王国酒宴筹备处

给法官的一封感谢信

我是一名士兵，曾在战争中被亚述人俘虏。等我回来，发现我的妻子改嫁了，还生了一个孩子。

经过法官的英明判决，现在我的妻子已经回到了我的身边，孩子则跟了他的亲生父亲。我和对方都很满意这个结果。

在此，我要谢谢法官。是您的公正，让我重新拥有了一个美好的家！再次感谢！

一名普通的巴比伦人

第3期

【公元前3500年左右—公元前2181年】

尼罗河的礼物

穿越必读

从两河流域往西，越过一个叫红海的海域，是世界文明发祥地之一——尼罗河流域。这里的人们创造了辉煌灿烂的古埃及文明，在数千年的历史长河中做出了杰出的贡献。这一切，都来自尼罗河的馈赠。

顺风快讯

尼罗河的礼物
——来自非洲尼罗河谷的快讯

（本报讯）公元前3500年左右，我们发现，在非洲的尼罗河三角洲出现了三四十个"斯帕特"（相当于古埃及最早的国）。建立这些"斯帕特"的，是一群皮肤黝黑、头发乌亮的人，他们自称是埃及人（史称古埃及人）。

尼罗河由南向北而流，全长约6700公里，是世界上最长的河流。它有一个特点，每年一进入夏季，就会涨一次大水，一直要疯狂地涨上一百多天，才渐渐退去。疯狂过后，河两岸会堆积一层厚厚的、潮湿的黑土。种子掉进去，不用施肥，就可以坐等丰收。

聪明的埃及人在被洪水淹没的地方，筑起一道道土坡，把一片汪洋分成了一个个蓄水池。等到洪水退去，池水干涸，便有了一块块肥沃的土壤。

有了土壤，人们学会了种稻谷，种大麦，种小麦，种豆子，还学会了用牛耕田，建造房屋，制作陶器和石器。

因此，埃及人认为这片土地是尼罗河送来的礼物，并把这条威力无比、富有活力的河视作自己的"母亲"。

来自非洲尼罗河谷的快讯！

世界风云

上下埃及之王

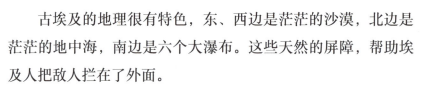

古埃及的地理很有特色，东、西边是茫茫的沙漠，北边是茫茫的地中海，南边是六个大瀑布。这些天然的屏障，帮助埃及人把敌人拦在了外面。

然而，"斯帕特"出现以后，为了争夺更多的土地、水源、奴隶以及财富，埃及人却自个儿和自个儿打了起来。

打来打去，"斯帕特"数量不断减少，最后只剩下两个大国，一个叫上埃及王国，另一个叫下埃及王国。

上埃及王国在南方。国王头戴白色王冠，把鹰当保护神，以白色百合花为国徽。

下埃及王国在北方，靠近尼罗河下游。国王头戴红色王冠，把蛇当保护神，以蜜蜂为国徽。

两个国家一南一北对峙着，谁也看谁不顺眼，都想吞掉对方，却都没有成功。

直到公元前3100年，上埃及王国出现了一位叫做美尼斯（也有人说是那尔迈）的国王。这位国王才华出众，智慧超群，很快使王国强大起来。

有了实力，美尼斯于是率兵亲自北上，向下埃及王国发起进攻。经过三天三夜的激烈战斗，终于打败下埃及王国，第一次统一了上下两个王国（史称埃及第一王朝）。

这真是一件激动人心的事！

世界风云

当然，聪明的美尼斯并没有被胜利冲昏头脑。为了安抚下埃及人，他宣称自己是"上下埃及之王"，并且在上埃及和下埃及都进行了加冕仪式。所以他有时戴白色的王冠，有时戴红色的王冠，还有时戴红白相间的王冠。

与此同时，他把都城也迁到了下埃及的一个城市，并把这个城市命名为白城（即孟斐斯）。

既然美尼斯这么诚恳，下埃及人也没什么好说的了，毕竟打仗流血也不是件好事，谁统治他们都是一样地过日子。

嘻哈乐园

世界风云

法老和他的子民们

两个王国的统一，给尼罗河两岸带来了和平与繁荣。努比亚的黄金、黎凡特的木材、阿拉伯的香料、东非的象牙等像水一样，源源不断地流入埃及。

国王的财富越来越多，权力也越来越大。从此，他们再也不肯把宝座拱手让给他人，而是传给自己的儿子，儿子死后，再传给儿子的儿子……

人们不再被允许直接叫国王的名字，而是要尊称"法老"。

法老自称是最高神太阳神"拉"的儿子，是上天选定的王者，掌握着全国的军政、司法、宗教大权，地位尊贵。

全国土地归法老所有，由他进行分配；所有高级官员都由法老指定，文武百官在朝见法老时，必须先说一堆赞词，再匍匐到法老宝座面前，亲吻他脚下的地，并以亲吻法老的靴子为荣，甚至被法老打了一巴掌，也被当作极高的荣耀。

法老之下，地位最高的是祭司，通常由法老选定，主要是负责宗教祭祀以及和神对话，同时还担任医生、律师和工程师等职务，为法老排忧解难。

因为祭司的主要工作是照顾神，所以祭司必须是一个爱整洁的人。他们每天要洗四次澡，白天洗两次，夜里还要洗两次；身上的毛发也要每天刮一遍，以免虱子和一些脏东西粘上去。

当然，他们也能得到不少好处，每天都可以吃到香喷喷的面

世界风云

包,以及大量新鲜的牛肉、鹅肉,喝到葡萄酒。

除了祭司外,其他大臣也都是些知识渊博的人,有的官员还要负责教小孩读书。

当然,在埃及,并不是人人都可以读书的。能读书的,都是官员和贵族的子弟。

尽管有这样的特权,但还是有许多人宁可当军人,也不想读书。为什么呢?因为老师们相信"小孩的耳朵长在屁股上——不打不听话",学生们都是边挨打,边听课,学得十分辛苦。

而当军人就轻松多了,一旦打了胜仗,照样可以发大财,当大官。

至于其他阶层的孩子,只要像父辈一样,学好一门技术,能够养家糊口就可以了。比如,农民的孩子,就去学习耕种;手工艺人的孩子,就去学习手艺。

也就是说,父亲是什么阶层,儿子就是什么阶层。想要从下面的一个阶层,爬到上面的一个阶层去?

一个字——"难"!

自由广场

埃及的怪事特别多

利比亚牧羊人

你们知道吗？世界上大多数的河流都是由西边流向东边，而尼罗河却是由南边流向北边。

这算什么？在埃及，用肩担东西的是女人，用头顶东西的是男人；在市场上谈生意的是女人，坐在家里纺线的全是男人呢！别的地方可不这样！

希腊船夫

阿拉伯商人

那你们知道，他们为什么在大街上吃东西，在自己的家里大小便吗？因为他们认为，不体面的但是又不得不做的事，要秘密地做；体面的事呢，可以公开做。

我觉得最有意思的是，他们的医术也有分工，每一个医生只治一种病，不治其他的。有治眼睛的，治头的，治牙的，治肚子的。反正，治各种小病的都有。

黎凡特木工

努比亚
珠宝商

那你们见过每个月不断服用泻药的人吗？埃及人就是。他们认为生病是由所吃的东西造成的，所以要用呕吐和灌肠的办法把身体里的脏东西排出去呢。

奇幻漂流

尼罗河的水从哪里来？

编辑老师：

您好！现在又是尼罗河泛滥的季节了。每当这个时候，整个埃及就变成了水中的岛屿。肆虐的河水不但会泛滥到三角洲地区，还会泛滥到利比亚以及阿拉伯的土地上去。据说河水泛滥的地方，走两天两夜都走不完，这简直太让人吃惊了。

这么神奇的河流，这么多的水，是从哪里来的呢？它的发源地在哪里？穿穿老师，你能告诉我吗？如果可以的话，我可以去探险吗？

一个好奇的少年

好奇的少年：

你好！关于这个问题，不只你一个人关心。不过至今仍无人知晓，因为它所经过的地方有一片广袤的沙漠。如果要去探险，就必须解决水源和食物，以及因昼夜温差带来的所带服装等问题。即使勉强穿过了沙漠，后面还是会遇到数不清的山地与沼泽，不是一般人可以完成的工作。

据说利比亚人曾经派出五个年轻人去探查，结果一无所获。所以，我劝你还是不要去吃这个苦头。至于它的发源地在哪，我也不太清楚，相信有一天有人会揭开这个谜底的。

编辑 穿穿

（注：尼罗河有两个源头，一个发源于中非山区，叫白尼罗河；一个发源于埃塞俄比亚高地，叫青尼罗河。）

智慧森林

烦恼带来的智慧

尼罗河的水，给人们带来了丰收，也给人们带来了烦恼。

每年洪水即将泛滥的时候，埃及人就会担心庄稼被洪水冲走，所以想赶在这之前收割庄稼。

可是，怎样才能知道洪水什么时候来呢？

经过长时间观察，埃及人发现，尼罗河的水涨水落与四季的变化一样，都非常准时。而且每次洪水来临前两个月左右，黎明的天空总会出现一颗闪亮的星星，也就是天狼星。

由于天狼星每隔365天才出现一次，埃及人便根据这个规律，制定了一部历法（即世界最早的太阳历），把这一段时间定为一年，每年分成3个季节，每一季节为4个月，共12个月，把天狼星和太阳同时出现在地平线上的那一天，当做一年的开始。

河水泛滥的时间确定了，人们又要面对一个烦恼，那就是——前一次洪水过后，人们把被洪水淹没的地方，分成了一片片田地。可再次涨水之后，田地的分界线便不见了。

为了让人们停止争论，埃及人把土地分成大小相同的方形，重新分配田地。

在这个过程中，埃及人不但掌握了加减乘除运算、分数运算，还掌握了矩形、梯形、三角形、圆等图形的面积计算方法。

（注：正是因为充足的数学知识，古埃及人才建成了令人叹为观止的金字塔哦！）

智慧森林

纸、墨、笔、字

当你漫步在尼罗河岸边时,你会发现,河两岸的沼泽地里,长满了一种又长又宽大,像芦苇一样的绿色植物,它就是纸莎(suō)草。

纸莎草是埃及特有的植物,用途十分广泛。比如,它的嫩芽可以吃,收成不好的时候,可以充饥;丰收的时候,可以当燃料。

另外,它还可以编篮子、鞋子、绳子、席子,以及制造家具,甚至还可以造船。乘着这样的小船,人们不但可以在河上捕鱼,还可以与远方的人们做生意。

把草做成船,是不是很有创意?可埃及人还不满足,相信你已经猜到了——对,埃及人居然用它做成了纸!

他们把一堆一堆的纸莎草剖成一段一段,剥去外皮,把里面的茎芯切成薄片并浸泡几天,之后再纵横交错地铺成很多层,趁湿用木槌捶打使它压紧成一大片。最后晾干后,用石头或贝壳进行打磨后,纸莎草纸就做好了。

这种纸表面光滑,写起来十分顺畅。写完后,还可以卷起来,比苏美尔人的泥板书更方便携带。因此,世界上许多地方的人,都来向古埃及人买这种纸。

对了,埃及人的笔和墨也是用纸莎草制作的。把纸莎草的一头削尖,就成了笔;把叶汁和烟渣调和一下,就成了墨。他们就

智慧森林

用这样的笔和墨，开始在纸上写字。

埃及人的字十分独特，尽管和中国人的甲骨文一样，都叫象形文字，表达的意思却很不一样。

中国人的字就是一个图，一个字表达的是一个意思。而埃及人的字呢，要用好几幅图，才能表达一个完整的意思。

比如，当你看到一只陶罐上画着一间圆屋顶的房子，屋顶上栖息着一只小鸟时，按图上的理解，可能表示的是"鸟落在屋顶上"。但实际上，这幅图表示的是"王宫"。而那只"小鸟"代表的是王权或国王的保护神。

因为表达过于复杂，埃及人也觉得不方便，于是挑选了几个简单的图画，代表不同的声音。渐渐地，这些图形文字又变成了声音的符号。不同的组合，就可以代表不同的声音和意思。

古埃及人用这种文字，记录了许多国王的故事，战争的故事，以及历史上的很多大事。除了写在纸莎草纸上，还把它写在建筑物的墙上，或纪念碑上。

可惜的是，小编看不懂这些文字，不然，就会给大家讲很多很多故事噢。

名人来了

特约嘉宾
美尼斯
（简称"美"）

越越
（简称"越"）

嘉宾简介：埃及第一王朝的开国国王，他统一了埃及，开启了法老统治时代，建立了一个悠长而又辉煌的王国。据说，著名的"那尔迈石板"上面刻画的征服者就是美尼斯。

越：尊敬的美尼斯，您好。
侍卫：大胆，法老的名字是你叫的吗？
美：请叫我法老。
越：法老？法老是什么意思？
美：就是大房子、大宫殿的意思。
越：噢，这个倒跟我们中国的"陛下"很像。"陛"指的是王宫的台阶。我们中国的臣子向天子进言时，不能直呼天子，而是让台下的侍者告诉天子。
美：那倒是确实有几番相像。埃及的臣子要见我时，还要跪下亲吻行礼。
越：那……我……
美：你是友邦人士，就免了吧。
越：多谢法老。
美：怎么样，到我们埃及还适应吧？
越：还好还好。我感觉上埃及和下埃及的差别还是蛮大的。
美：噢，什么差别？
越：下埃及是无边无际的平原，四面八方都是一个样，没有高原、草地，也没有森林和丘陵，除了耕地，就是荒漠。
美：嗯，是这样，看久了就有点疲劳。那上埃及呢？
越：上埃及是一个狭窄的山谷，看到的还是平地，但是有山，这些山光秃秃的，没有树，没有花，连苔藓都没有。里面的人如果要出来，是件比较困难的事。
美：以前是比较困难，不过上下埃及统一之后，这事就不难了。
越：虽然统一了，但还是比我想象中小多了啊——当然，一个国家伟不伟大，跟它的面积没有关系。
美：确实也不大。要不是尼罗河，

名人来了

我们也不会搬到这里来。

越：我觉得住在河边很危险，尼罗河每年都会泛滥，会淹死不少人吧？

美：但如果尼罗河中止泛滥，我们用什么来浇灌土地呢？

越：就像希腊人说的那样，天上会下雨呀！

美：如果把希望寄托在上天身上，总有一天希望会破灭的。到时，我们会因为干旱和饥荒，死更多的人！

越：好像也是。那现在呢？你们的温饱问题解决了吗？

美：现在好多了，每年的收成都不错，撒下种子，几个月后，就可以获得百倍的回报。到了收获季节，粮食就像海边的沙子，无法计算。感谢尼罗河。

越：你们种得最早的是什么呢？

美：最早种植的是大麦、小麦。此外，长绒棉和洋葱、水萝卜、生菜还有各种豆类、瓜类，以及水果，我们也种得很多。

越：哇，原来这些东西都是你们最先种出来的啊，厉害啊！那这些粮食你们是怎么送到埃及各地的呢？

美：有船啊。我们祖祖辈辈跟水打交道，很早就会用船了。

越：可是，你们除了尼罗河沿岸有点树木外，其他地方都是红土沙漠，寸草难生，大家都用船的话，这木头不够用吧？

美：木头船是身份和地位的象征，有钱人才用得起，普通人用的多半是纸莎草做的船。

越：草做的船？这种船能结实吗？

美：还好吧。不过河里面猛兽多，再结实也没用。比如鳄鱼啊，河马啊，一不小心就会从河里冒出来，把你的船只顶翻。

越：哇，太刺激了！这些凶恶的家伙我只在动物园见过呢！

美：（生气）这位记者，我们拿生命跟它们搏斗，你还觉得刺激，有没有同情心？

越：噢，不好意思不好意思。那你们要注意安全啊。

美：尽力吧。有些东西防不胜防的。

越：嗯，今天的采访就到这里。希望您一直都平平安安的。

（注：据说美尼斯在一次打猎中，被一头河马袭击不幸身亡。）

广告贴吧

热烈欢迎"第一滴水之夜"

　　河水已经溢出了尼罗河的两岸,美好的"第一滴水之夜"已经来临!请大家换上自己最美丽的衣服,举起火把,唱着歌儿,去往河边,向我们尊敬的哈比神(即河神)献上最诚挚的谢意吧!

　　时间:太阳下山以后

　　主持:本村最尊贵的祭司

新鲜的蓖麻子到货了

　　本店新到一批新鲜的蓖麻子,产自尼罗河岸边,非野生,捣碎后可以用来榨油。虽然气味不是很好闻,但油质很好,用来做灯油就再好不过了。欢迎大家前来选购。

尼罗河中段的蓖麻农场

这里有喝不完的美酒

　　最特别、最热闹的布巴斯提斯集会又要开始了!

　　作为本次集会的主办方,我们将为数十万的集会者提供饮不尽的美酒。(注:这天消耗的酒比一年中其他时间的消耗总和还要多。)

　　请大家准备好你们的歌声和掌声,尽情地欢呼吧!

布巴斯提斯集市

智者为王 第①关

1. 四大文明是指哪几个文明?
2. 两河流域之间的平原叫什么平原?
3. 最早发明文字的是什么人?他们发明的是什么文字?
4. 世界上最早出现的英雄史诗是什么?
5. 是谁统一了两河流域,建立了史上第一个统一的庞大王国阿卡德王国?
6. 萨尔贡死后,什么人攻占了阿卡德?
7. 苏美尔人最突出的一个科学成就是什么?
8. 继阿卡德王国之后,统一两河流域的是什么王国?
9. 迄今为止,世界上第一部完备的成文法典是什么?是谁制定的?
10. 谁发明了铁器?
11. 古巴比伦王国国王汉穆拉比什么时候统一两河流域?
12. 世界上最长的河流是什么河?
13. 什么星星和太阳同时出现在地平线上的那一天,被埃及人当做一年的开始?
14. 古埃及除法老和王室中人外,谁的地位最高?
15. 世界上最早的太阳历是什么人发明的?

第 4 期

【公元前 3500 年左右—公元前 332 年】

木乃伊和金字塔

穿越必读

　　古埃及人相信：人死后，灵魂还会继续生活。因此，他们不停地探索保存人遗体的方法，制作出了千年不腐的木乃伊，还修建了世界七大奇迹之一的金字塔。

顺风快讯

死亡只是一个新的开始
——来自古埃及的特别快讯

（本报讯）如果一个人有钱，有权，又有土地，要风得风，要雨得雨，他就会希望能够长久地享有这一切。

埃及的法老们就是这样。

可是，法老只是神的代理人，不是神。是人，就会有死亡的一天。那么，人死了，就再也不存在了吗？所有埃及人包括法老都不相信这一点。

他们相信，人除了躯体，还有一种叫做灵魂的东西。人死了还会复活，就像尼罗河的水，退了还会涨；天上的太阳，落下还会升起一样。死亡只是一个新的开始。

如果把遗体保存好，人的灵魂就会重新回到死者的躯体。如果躯体损坏了，灵魂找不到存在的地方，人才会真正地死去。

所以，埃及人想方设法地把死人的躯体保存下来。他们想出来的是什么办法呢？

来自古埃及的特别快讯！

世界风云

一则关于木乃伊的神话

为了把死人的躯体保存下来,埃及人研究出一种制作木乃伊(即人工干尸)的方法。这个方法,据说与一个神话故事有关。

传说,埃及有位叫做奥西里斯的法老,是太阳神拉神派来的使者。他英明而又正直,深受人们爱戴。他的弟弟沙漠之神赛特却是个坏心肠的人,总想夺取他的王位,取而代之。

在一次酒宴上,赛特和他的同伙带来一只异常华美的箱子,对众人说:"谁能够完美地躺进这个箱子,我就把它送给谁。"

赛特的同伙们都装模作样地争着躺进去,但都不合适。

奥西里斯看了,也忍不住躺进去,咦,长短正好!原来,这箱子,就是赛特照着奥里西斯的身材量身定做的。

他一躺进去,赛特这伙人就一拥而上,封死箱子,连同箱子一起扔进了尼罗河。

奥西里斯的妻子伊西丝知道后,悲痛欲绝。她顺着尼罗河找啊找啊,泪水落入河中,河水突然暴涨,泛滥成灾。

最后,她在一个遥远的地方找到那只箱子,把它带回埃及,藏在丛林里,想用魔法将他复活。

世界风云

坏心肠的赛特发现了那只箱子，又偷走奥西里斯的遗体，分解成十四块，扔到埃及的各个角落。

伊西丝再次四处寻找，却只找到十三块，另一块怎么也找不着。奥西里斯只复活了一个晚上，就又死了。埃及落入了赛特的手中，从此不得安宁。

奥西里斯的儿子荷鲁斯长大后，决心杀死赛特，为父报仇，埃及人期盼回到从前的日子，也很支持他。

一场长达八十年的战争开始了！在战争中，赛特挖掉了荷鲁斯的左眼。荷鲁斯的眼睛可不寻常，左眼代表月亮，右眼代表太阳。左眼被夺走了，月亮神自然要出手相助。在月亮神的帮助下，荷鲁斯打败赛特，成为埃及新的法老。

之后，他把父亲散落在各地的遗体带回家，缝合成一个整体。奥西里斯终于得以复活，成为冥界之王。

从此以后，埃及人认为人死之后，只要尸体保存得好，就还有在冥界复活的机会，于是全国掀起一场制作木乃伊的热潮。

起初，只有法老和贵族、官员，才能在死后制成木乃伊。可是后来，几乎所有的人都跟着做，就连大家认为神圣不可侵犯的动物，如朱鹭和甲虫，也给做成了木乃伊呢！

死也要住大房子

既然人死了还能复活，为了死后还能继续享有王的特权，从登基那天起，法老们就开始修建自己死后要"住"的地方。

起初，法老们的坟墓和众人一样，都是在地上挖一个长方形的坑，然后在上面堆放一些泥砖就好了，看起来就像个"板凳"。

可是法老们总觉得自己比别人伟大，用的、吃的、喝的、玩的也都要比别人多。因此，就算是个石头堆，也要比别人更高、更大。慢慢地，法老们的坟墓越堆越高，越堆越大。

到了第三王朝，乔赛尔王有了更高的要求，让宰相兼建筑设计师伊姆霍特普为他设计一个独特的坟墓。

一开始，伊姆霍特普只是依葫芦画瓢，草草地设计了一个更大的"板凳"。

乔赛尔王很不满意，认为没有体现他的与众不同和至高无上。

伊姆霍特普绞尽脑汁，最后终于设计了一个新方案：把砌墓用的泥砖换成石头，把方方正正的"板凳"改造成了一座六级阶

世界风云

梯状的"板凳"。这就是金字塔的雏形——梯形金字塔。

与别的坟墓比起来,金字塔显得又高又大。乔赛尔王看了十分满意,立马下令开始建造(乔赛尔王是埃及第一个大兴土木建造金字塔的法老)。

从那以后,法老们纷纷效仿他,大肆修建金字塔,有的甚至一口气建了三个金字塔。

这时,人们还相信法老死后会升天成为太阳神"拉"。那么,又一个新问题出现了:怎样才能让法老的灵魂升天呢?

智慧的埃及人摸摸头,灵光一闪,把阶梯填平,改成了角锥形的金字塔。

远远看去,雄伟的金字塔既像通向天际的阶梯,又像洒向大地的太阳光芒,散发着智慧的魅力。

由于它的底座是正方形,每个侧面是三角形,看上去就像汉字"金"字,因此我们称之为金字塔。

世界风云

了不起的金字塔

在所有的金字塔中，最雄伟、最有名的要数胡夫金字塔（也叫吉萨大金字塔）。

这座金字塔于公元前2580年开始动工修建，花了足足20年才完工。整座塔有100多米高，底边有200多米长，其高度超过了以往所有的陵墓，气势十分宏伟。

据说建造时，大约动用了230万块巨石。这些巨石每块约重2.5吨，有的光是一块，就有一栋小房子那么大。

说实话，记者看到这些，惊得半天都合不拢嘴。要知道，光是把这些石头搬动，都是一件很不容易的事呢！

更让人惊奇的是，他们还把这些巨石一块接一块地堆高磨平，没使用任何东西进行黏合，但石块之间的缝隙却小得连一根头发丝也插不进去。

此外，金字塔的内部结构也是同样复杂，上下两层，共有三座墓室，其中最大的一个墓室是用来存放石棺的，高达6米。屋顶的盖子是一块重达400吨的大石板，盖子的上面用石板隔成五层空间，最上面斜放两块石板，砌成三角形

世界风云

尖顶，使墓室离地面40米。胡夫金字塔设计精巧，令人叫绝。

胡夫死后，他的儿子哈夫拉在离胡夫金字塔不远的地方，又建起了一座金字塔，这座金字塔看上去比胡夫金字塔高，但实际却矮了3米。塔的旁边，竖立着一座大得像庙宇一般的石像。这个石像很特别，它有一个狮子的身体，却有一个人的头，仅一只耳朵就长达两米。

据说这个狮身人面是哈夫拉本人，是由一整块天然的石头雕刻而成。

那为什么把哈夫拉雕刻成狮身人面呢？

记者了解到，在埃及神话里，狮子是地下世界大门的守护者，而法老的灵魂是太阳之神、冥界之王。因此，建造这座狮身人面像，是为了守护哈夫拉的冥界大门。

你们说，这是不是一座很了不起的建筑艺术品呢？

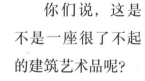

奇幻漂流

如何制作木乃伊？

编辑老师：

　　您好！我是一名牧猪人，埃及人认为猪是一种不干净的动物，所以连我们也看不起。前几天，我的父亲去世了。我很爱我的父亲，希望他死后能够得到重生，过上以前过不上的生活。

　　请问，您知道木乃伊是怎么制作出来的吗？如果我想保存父亲的遗体，需要怎么去做呢？

一名牧猪人

牧猪人：

　　你好！小编正好见过木乃伊的制作过程，先是对尸体进行防腐处理，然后涂上油膏，最后再裹上一层层的亚麻布，放进人形棺材里。一个完整的木乃伊就完成了。

　　听起来很简单是不是？事实上，制作一具这样的木乃伊，费用不菲，仅麻布就可能要用到一千多米。

　　用来盛放木乃伊的棺材，也有严格的等级和区分，贵族官员会在木棺外套上石棺，法老会在金棺外套上几层木棺。

　　一般来说，只有法老和贵族官员们才会采用这么细致的制作。作为普通人，还是量力而行吧。毕竟，死去的人已经不在了，活着的人还要继续生活下去，对不对？

编辑 穿穿

自由广场

把法老们从金字塔里丢出去！

牧羊人

天啊！你们知道吗？发生暴乱了！愤怒的人们冲进金字塔，把法老们的木乃伊撕成碎片，丢到塔外边去了！

活该！谁叫他们不顾百姓死活，劳民伤财！现在（指第六王朝）咱们埃及国力是一天不如一天，王权越来越弱，官员却越来越多。老百姓饭都吃不上了，还要负担这些建筑费用、丧葬费用、祭祀费用，要养这么多"寄生虫"，能不爆发吗？

烤面包的女人

酿酒的女工

就是，他们也不想想，把自己的陵墓建得如此宏大雄伟，简直就是热情地挥着手对别人说："快来看，快来看！我好有钱，好有钱啊！"没有了木乃伊，看他们还怎么享受！怎么升天！

还别说，这么一闹，法老们再也不敢这样明目张胆地花费巨大的人力、物力去修建金字塔了。听说，他们已经转移到深山老林里秘密地开凿陵墓去啦！

宝石匠

名人来了

特约嘉宾
胡夫
（简称"胡"）

越越
（简称"越"）

> 嘉宾简介：埃及第四王朝的第二位法老。关于他，人们的评价不一，有人说他是可憎的暴君，也有人说他是一位贤明的君主。而这一切，都是因为他修建了一座世界上最高大的金字塔。

越：尊敬的法老，您好！听说您外公和父亲都是法老？

胡：是的。我外公把法老宝座传给了他的女婿，也就是我的父亲。

越：噢，法老之位不是一般只传给自己的儿子吗？

胡：也不一定。如果没有儿子，或者儿子不争气，就可以传给他人。

越：这么说来，您和您的父亲都是幸运儿啊！

胡：还行吧。其实我认为法老也不是那么好当的。

越：身为一国之主，法老想干吗就干吗，有什么不好当的？

胡：法老如果没本事，也做不长久。很多时候，法老还要亲自带兵打仗，弄不好命都没有了，你说好不好当？

越：风险多大，收获就有多大。这些年您四处征战，把埃及变成了一个强国，也算值得。听说有的人非常崇拜您，还把刻有您名字的石雕当成护身符，但也有人不愿提您的名字。

胡：是非功过任人评说吧。如果千年之后，人人都能记得我，那我也算没有白活了！

越：就凭您那个金字塔，您也能名垂千古！但是什么名声就不好说了！

胡：（自动忽略后一句）哈哈，这个金字塔可是我的杰作，我父亲修建了三座金字塔，加起来都比不上我这一座噢。

越：确实是名不虚传！来之前我还特地围着它跑了一圈，累得我够呛，感觉有五个足球场那么大啊！

名人来了

胡：当然要大了，"大"才能体现我的身份，我的权威！我们埃及人就喜欢一些巨大的建筑物，越大越好。

越：这么大的工程，得用多少人，得花多少年才能建成啊？

胡：十万人的话，每年修三四个月，大概要20年吧。

越：为什么每年只修三四个月？

胡：因为尼罗河涨水就涨那么久。这时大家无田可种，闲着也是闲着，就去修金字塔，盖巨庙，画壁画，顺便也赚点粮食和收入了。

越：您的意思是，大家不是被强迫来的？那我怎么听说，你们征用了成千上万的奴隶呢？

胡：怎么会呢？能帮法老做事，是普通人的荣幸。这金字塔是多么伟大的艺术，要是奴隶的话，整天苦兮兮，会有搞艺术的心情吗？

越：好像有点道理。

胡：而且，这些人如果对工地不满意，或者收入不好，还会抗议，甚至拒绝做工。这时候，道歉的往往是监督的官员，法老要处罚的，也首先是官员。你说，这些能是对待奴隶的表现吗？

越：那我有个疑问，那么重的石头，如果没人强迫的话，他们是怎么搬起来的，又是怎样搬到一百多米高的塔顶的？

胡：人的潜力是无穷的。他们热爱建筑，在身心愉快的情况下，什么样的奇迹都可能发生。

越：噢，我快被您说服了。那最后还有个问题，您把金字塔建得这么宏伟壮观，不怕被人盗吗？

胡：不怕。首先，一般人不敢冒犯法老。其次，塔里刻了咒语，万一哪个胆大包天敢来冒犯我，他自己也就离死不远了。

越：呀，看来珍惜生命，要远离金字塔！好了，今天的采访就到这里，谢谢法老了。

求白色睡莲若干

近日，宫中要准备举行一场大型晚宴，需要大量睡莲送给宾客们，还要用来装饰法老的宝座。现求购睡莲若干，要求颜色为纯白色，大朵为宜。

王宫晚宴准备处

出售动物若干只

本人有多年驯养动物的经验，手中有大量狒狒、猫、猴子以及鹅。我的猫像猎狗一样灵敏，可以帮忙抓水鸟，我的狒狒、猴子像人一样能干，可以帮忙摘取树上的果实。

有需要的人，欢迎到我这里来购买。

尼罗河上游的驯养师

起来，不愿被欺辱的人们！

亲爱的努比亚人们，这几百年来，埃及老是欺负我们。

前不久，他们抢走了我们20万头牲畜和7000名战俘，还抢走了无数的香料、象牙、黄金、木材！还把我们变成他们的奴隶！

这口气我们怎么咽得下去！让我们团结起来，把这个强盗赶走吧！

努比亚抗埃联盟

第5期

【公元前1600年左右—公元前1213年】

胜利之王

穿越必读

当古埃及乱成一团时，希克索斯人乘虚而入，开始对埃及进行统治。直到第十八王朝时期，埃及人才把希克索斯人赶出埃及，从此开启了一个黄金般璀璨的兴盛时代……

顺风快讯

一群骑怪兽的牧人
——来自底比斯的加急快讯

（本报讯）大约在公元前17世纪，埃及人吃惊地发现，一群叫希克索斯的牧人打过来了！

他们骑着一种奇怪的野兽，或者是驾着这种野兽拉的战车，挥动着手里的武器飞奔而来，样子十分恐怖。埃及人很少见到这样的场面，顿时吓得不知道怎么办才好。

直到埃及被希克索斯人征服后，他们才知道，那种野兽叫做"马"，它不但跑得快，跳得高，而且打起仗来十分听话，一点都不怯场，可以说是天生的"战士"。

可是这些马的主人却一点儿也不"听话"，他们一进入埃及，就像一群野人一样，见什么抢什么，抢不走的就烧掉、毁掉，一点道理都不讲。更令人气愤的是，他们把埃及人当作奴隶，成天呼来喝去，支使他们做这做那。

埃及人觉得被这样的人使唤，是件很没面子的事情。于是，他们也开始学习驯野马，驾战车，过了100年左右，终于也骑着马儿，驾着马车，赶走了这批人。

来自底比斯的加急快讯！

奇幻漂流

女人也能当法老？

编辑老师：

　　你好！自从把希克索斯人赶走后，我们埃及再次成为一个强盛的国家。对此，作为他们的唯一正统继承人，我感到十分自豪。

　　这些年来，我的丈夫（指图特摩斯二世）因为体弱多病，无力治国，一直是我在处理国家事务。现在我的丈夫死了，王子（指图特摩斯三世）又年幼无知。我在想，是不是太阳神听到了我的祈求，让我这个女人也有机会成为这个国家的主人呢？

哈特舍普苏特

尊敬的王后：

　　您好！您赶紧放弃这个疯狂的想法吧！埃及的王位继承法有明文规定，女人是不能当法老的！

　　我知道王子不是您的亲生儿子。但目前最好的方法是延续前几任王后的做法，好好辅佐这个孩子，让他成为一位优秀的法老，而不是企图霸占他的王位，夺取他的大权！

　　一旦引起众怒，根据埃及的国情，后果将不堪设想，受苦的将是您的子民。请三思而后行！

编辑 穿穿

（注：丈夫死后，哈特舍普苏特女扮男装，戴着假胡须登上了法老宝座，成了埃及第一位女法老。）

世界风云

胜利之王打造超级帝国

哈特舍普苏特登上王位后,朝廷上下议论纷纷,他们认为一个女人,不应该抛头露面当法老。尤其是王子图特摩斯,表面上对女王恭恭敬敬,百依百顺,实际上早就一肚子的不满。

可女王觉得,一个孩子能作什么妖?于是放松警惕,还把他送到偏远的地方学习。

图特摩斯一边刻苦学习,一边积极参加军事训练,结交了一大批优秀的人才,不知不觉,成长为一名优秀的将领。

图特摩斯长大后,很想干一番大事业。女王见他是个打仗的好料子,就任命他为军队统帅,远征努比亚。图特摩斯也不负所望,立下赫赫战功,在埃及获得了巨大的声望和支持。

这时,西亚的几个王国联合起来,成立了一个反埃及联盟,叛变了!若不及时镇压,后果不堪设想。

可就在这千钧一发之际,女王突然不明不白地死了!

女王一死,图特摩斯就以闪电一般的速度,接过法老的权杖,名正言顺地坐上了法老的宝座(史称图特摩斯三世)。之后把与女王相关的东西,如书籍、雕像、建筑物等全部收缴,一一销毁。

执政长达22年的女王,到最后什么痕迹也没留下。没有人知道她是怎么死的,很多人说凶手就是图特摩斯,可谁也找不出证据。

世界风云

而图特摩斯当上法老做的第一件事，就是立刻率领军队，向反埃及联盟发动进攻！

他乘着闪亮的战车，像闪电一般冲向敌人，那样子，像极了传说中的荷鲁斯。敌人被这声势吓倒，纷纷丢下马匹和战车，四处溃逃。

初战的胜利大大刺激了图特摩斯的野心，之后，他又将目标对准了其他国家。附近的赫梯、亚述等国听到风声，纷纷写降书，表忠心，巴比伦还将公主送给图特摩斯三世当妃子。

有人做过统计，图特摩斯在长达二十多年的征战中，从未打过一次败仗，是个响当当的"胜利之王"（后人称他为"古埃及的拿破仑"）。

除了陆地，图特摩斯的舰队也威震四方，就连爱琴海也划入了他的版图。数不清的奴隶和财富流入埃及，被他征服的人们也心甘情愿地接受他的统治，因为他带来了和平。

现在，无论是经济实力，还是国土面积，埃及都达到了前所未有的巅峰，可以说是名副其实的"埃及帝国"。

三个太阳神

经过短暂的繁荣之后,公元前十四世纪,埃及又开始混乱起来。

记者调查发现,混乱的原因是由太阳神引起的。

大家都知道,埃及人崇拜的神灵多得不得了,有男神、女神,有好神、恶神,就连牛、羊、猫,甚至连石头都是神灵。

而除了河神外,埃及人最重视的是太阳神,因为太阳象征着光明、温暖和生长,所以他们光太阳神就有三个。

最早的太阳神叫拉,曾经是埃及最高的神。不过,到了第十三王朝,底比斯成为埃及都城后,他的地位就逐渐下降了,取代他的是另一个太阳神,也是底比斯的守护神——阿蒙。底比斯的阿蒙神庙也因此成了古埃及最大的神庙,拥有数不清的土地和财富。阿蒙神庙的祭司、僧侣们拥有的权势跟法老不相上下。

最后一个出现的太阳神叫阿吞。阿吞就是太阳的意思,和前两位太阳神有着明显的不同。拉的形象是一位长者,阿蒙的形象是一位青年男子,而阿吞的形象呢,没鼻子没眼,就是一个散发着光芒的太阳。

一直以来,这三位太阳神各有各的信徒,你信你的拉,我信我的阿蒙,他信他的阿吞,大家井水不犯河水,倒也相安无事。

那么,这三个太阳神为何引起了埃及的混乱呢?记者将为大家继续追踪报道。

世界风云

只准信一个神？不！

上文我们提到，埃及之所以混乱，是因为三个太阳神。这个说法立刻遭到部分埃及人的投诉。他们说真正的罪魁祸首其实是现任法老——阿蒙赫特普（史称阿蒙赫特普四世）。这是怎么回事呢？

据了解，阿蒙赫特普是个脾气很倔的人，一旦认准一个理儿，十头牛也拉不回来。

阿蒙神的僧侣不是势力很大吗？法老很不满意，总想把这批人好好治一治。可是，这些人有阿蒙神"保护"，怎么治呢？

阿蒙赫特普想出一个办法，宣布阿吞神为埃及最高的神，也是唯一的神，让老百姓不要再信阿蒙神和拉神。为了表明自己的

世界风云

决心，他还把名字改成了"埃赫那吞"（意思是阿吞的光辉）。

可老百姓不知道内情，一下子蒙了——好端端的，为何不让拜阿蒙神了呢？是不是埃及又要出大事了？

很多人劝埃赫那吞收回这个命令，就连他的父亲——已退位的法老也出面阻止他说："儿啊，做事情不可走极端啊，你一下子这么改，会触怒很多人的呀！"

埃赫那吞说："父亲，我主意已定！我已经想好对策了，把都城迁往中部。老百姓迟早会习惯新神的。"

老法老听了，连连摇头："万万不可啊，迁都是国家大事，不要轻率决定。如果你要这么做，我和你母亲也不会去的。"

但埃赫那吞还是坚定不移，毫不动摇。第二天，他派兵查封了各地的阿蒙神庙，将僧侣们强行扫地出门，还把庙里所有的财产都给了阿吞神庙。

阿蒙神庙的僧侣对他恨之入骨，千方百计想把他杀了。

有一天，埃赫那吞和母亲一起坐车出城，突然有个人拦住车

世界风云

队,说是有冤情上告。

埃赫那吞让那人来到自己身边,准备接过状纸。那人突然一跃而起,从卷起的状纸中抽出一把短刀,向法老胸前猛刺。幸好侍卫反应及时,将刺客当场捅死,法老才逃过一劫。

很快,法老遇刺的事在全国传开了。有人趁机散布谣言,说这是阿蒙神给法老的惩罚。如果法老再这样倒行逆施,将会有更大的灾祸降临到埃及人头上。

埃及人听了,都忧心忡忡。王后也出面劝法老,说不要再这样下去了。法老不但不听,还将王后斥责一通。王后一伤心,带着孩子离开了,至死都没有再见他一面。

可怜的埃赫那吞,最后一个人孤零零地死去了。而新法老上台后,阿蒙神又重新成了埃及最高的神。埃赫那吞生前所有的努力,全都化成了泡影,唉!

你走开!

你会遭报应的!

世界风云

一场没有赢家的战争

埃及人一乱,它的邻居们就乐了。公元前 1285 年,一直眼红埃及的赫梯人趁机发难,占据了埃及的军事重镇——迭石城。

年轻的法老拉美西斯(史称拉美西斯二世)得到消息,气得不行,立即带上两万精兵,两千辆战车,浩浩荡荡地向迭石城开过去。

走到半路,一个卫兵跑来向拉美西斯报告,说抓到两名赫梯逃兵,得到一个重要的情报——赫梯王不敢与埃及交手,已经下令撤军了!

拉美西斯听了,喜不自胜,立即下令加快速度,抓住那些想逃跑的赫梯人。因为求胜心切,这位法老嫌军队走得太慢,带着一个兵团抢先一步过了河。

谁知刚过河,就听到一阵"冲啊""杀啊"的喊杀声,一支赫梯人队伍突然杀出来,将拉美西斯包了"饺子"。

原来,那两个赫梯逃兵是赫梯王故意放出去被抓的,目的就是送个

世界风云

假情报，引拉美西斯上钩。

拉美西斯被打个措手不及，带上士兵转身就逃。

赫梯人大喊："活捉拉美西斯！"

"不要让埃及王跑了！"

生死关头，拉美西斯朝卫兵大吼一声："快把我的狮子放出来！"原来，拉美西斯养了一只狮子，天天带在身边。

狮子一出，赫梯骑兵吓得魂飞魄散，四处奔逃。拉美西斯趁机丢下战车，连滚带爬地逃出了包围圈。

拉美西斯的战车十分华丽，四周镶嵌着黄金和宝石，在战场上闪闪发光，格外引人注目。

赫梯士兵没见过什么世面，见到战车，也无心追赶拉美西斯了，掉头去抢战车和拉美西斯丢下的财物。

正当他们抢得不可开交时，拉美西斯带上自己的援军又杀了回来。双方再次展开了一场殊死决斗，一直杀得天昏地暗，血流成河，才收兵休战。

据统计，本次血战，双方共动用大约五千辆战车，可以说是惊天地泣鬼神，但遗憾的是，双方除了损失惨重，谁也没有成为赢家。

（后续报道：此后，双方又断断续续打了16年，一直未分胜负。公元前1269年，双方正式签订和平条约，宣布停战。）

自由广场

法老成了稻草人

牧羊人

现在埃及是一天不如一天啊,天天打仗,不但没有守住祖辈打下的江山,还把老底儿都败光了。

这都是因为拉美西斯,若不是他穷兵黩武,大兴土木,我们现在怎么会落个民穷财尽的地步呢!

壁画师

粮食车间
抄写员

主要还是把阿蒙神的祭司们宠坏了。现在的祭司们已经被养成了一只只又肥又大的老虎。听说,光他们的土地就占了全国的十分之一,还有自己的军队、行政机构。至于我们的法老,已经成了一个稻草人,终有倒下的一天啊!

可不是,埃及现在连年战争,再这样下去,我们伟大的埃及有可能就消失了!尊敬的阿蒙神,请您赶紧派个英雄出来拯救大家吧!

阿蒙神庙的
小僧侣

名 人 来 了

特约嘉宾
拉美西斯二世
（简称"拉"）

越越
（简称"越"）

嘉宾简介：第十九王朝的法老。他是一位雄心勃勃的征服者，也是一位不知疲倦的建筑者，埃及没有一处地方不带有他的痕迹。在他的统治下，埃及文明绽放出从未有过的璀璨。

越：尊敬的法老，您好，很荣幸能受邀参加您的统治节，请问这是您第几次举办这个节日了？

拉：第十四次了。这个节日只有统治达三十年的法老才有资格举办，之后每三年举办一次，我有时会每两年举办一次。

越：哇，那冒昧问一下，您今年高寿？

拉：不高，快九十了。

越：哇，您可是埃及所有法老里面最长寿的一个！我听说埃及人平均寿命只有四十多岁。有什么长寿秘诀传给大家吗？

拉：秘诀就是多向太阳神祈求长寿。

越：那关于以前的事，您还记得多少？

拉：以前的事？我记得我很小的时候就开始在"法老学校"上学，10岁就当了军人，15岁时，父亲就带我上了战场，25岁我就当了法老。

越：那您印象最深刻的一件事是什么？

拉：最深刻？我想想……应该是卡迭石大战吧！

越：关于那场大战，我有个疑问，你们到底是输是赢啊？我听赫梯人说，最后是他们打败了你们，取得了胜利。

拉：他们可真是撒谎不脸红。那场大战大家顶多是打个平手。但最后真正的赢家是我们埃及！——小记者的准备工作做得不足啊，你应该先到埃及各地去看

名人来了

一看，关于这次大战，很多宫殿、庙宇、雕像和石碑上面都有记载。

越：（小声）埃及说的不一定是真的。——实在是建得太多了，我此行太过仓促，所以没看完。——请问您为什么建那么多的建筑物呢？这太劳民伤财了吧？

拉：若没有这些建筑物，臣民们怎么会知道我们打了个大胜仗，又怎么会知道埃及今天的繁荣是我们用命换来的呢？

越：呀！明明差点成了别人刀下鬼，您这么一忽悠，把自己说成个英雄了！

拉：这怎么能叫忽悠呢？这是事实！事实就是赫梯王被我打怕了，主动来讲和，并且把女儿嫁给我，我就大发慈悲地放过了他。

越：赫梯的公主要嫁给您，那您的王后怎么办呀？

拉：你说的是哪一个王后？

越：啊！您还有几个王后？

拉：嗯，我有八位王后，赫梯的公主只是其中的一位。

越：哇，那您最喜欢哪一位王后呢？

拉：（伤感）那当然是我亲爱的奈菲尔塔利。她是我的第一位王后，也是我最爱的女人，没有人能够取代她在我心中的地位。可是我为她修建的宫殿还没完成，她就永远地离开了我……

越：还请法老节哀——那咱不谈这个伤心事了，说说您的子女吧。请问您最想把法老之位传给谁？

拉：唉，说起这事我就头痛。要在我80多个儿子中选一个人出来，已经是够难的了，偏偏我选中的继承人，还总死在我前面，使得我不得不选了一次又一次……

越：谁叫王子们没有您这么长寿呢。您现在都已经活成了埃及人心目中的神！大家都盼望您继续长寿下去，统治埃及万万年！

拉：身体越来越差了，我也只能说：尽力吧！

（注：公元前1213年，91岁的拉美西斯二世去世。他死后，埃及王朝迅速走了下坡路，并且再也没能重现昔日的辉煌。）

广告贴吧

将胜利刻在方尖碑上

为纪念法老将西亚、北非地区成功地纳入埃及帝国的版图，现决定将法老的功勋刻在象征庄严和胜利的方尖碑上。

卡尔纳克太阳神庙

两国休战文书

伟大而勇敢的赫梯国王哈图西里和伟大而勇敢的埃及法老拉美西斯共同宣誓，从此互相信任，互不侵犯，一国若受其他国家欺凌，签约国的另一方有义务出兵支援。

（注：这是一份世界上最早的休战文书，此后几百年，赫梯与埃及都相安无事。）

禁止杀害圣兽

每一个野生动物都是神圣不可侵犯的。前天，牧羊人踩死了一只圣甲虫。圣甲虫那么可爱，那么勤奋，它每天兢兢业业地推动着太阳东升西落，给我们带来光明。现在却有人踩死它，这不是比杀人还要可恶吗！

为表示惩罚，现将此人押入大牢，处以适量罚金。如不思悔改，以死刑处之！

圣甲虫保护协会

第6期

【公元前3000年左右—公元前600年左右】

紫红之国

穿越必读

除了四大文明，还有其他的古文明也深刻地影响了后世，如腓尼基文明和希伯来文明。腓尼基文明是指腓尼基人创造的文明。这是一个很有意思的文明，它对后世的影响，我们现在都能感受到。

顺风快讯

一个没有国家的民族
—— 来自地中海东岸的加急快讯

（本报讯）公元前3000年左右，黎巴嫩山区和地中海东岸之间，也出现了一些城邦。

这里虽然面积狭小，却有山，有海，有平原。再加上气候宜人，交通便利，人们靠山的吃山，靠海的吃海，日子过得倒也安乐。

不过，因为地理位置太好，物产也丰富，也招来了周边各个大国的眼红。

但奇怪的是，他们好像从来没打算要建立一个统一的国家。碰上比他们强大的国家，他们就乖乖地向对方称臣、进贡，一点儿也不觉得难为情。

可就是这么一些连国家都没有的人，却受到很多国家和地区的欢迎，人们一见到他们就围上去，并亲切地称他们为"腓尼基人"，这是怎么回事呢？

来自地中海东岸的加急快讯！

世界风云

紫红色的国度

众所周知,"腓尼基"在希腊语中,是"紫红色"的意思,那"腓尼基人"就是指"紫红色的人"吗?难道那里的人有着紫红色的皮肤?

记者见过白种人、黄种人、黑种人,就是没有见过紫红色的人,因此十分好奇,于是跑去打探。这一跑,才知道闹了个大误会。

原来,人们把他们叫做腓尼基,不是因为他们的皮肤,而是因为当地盛产的一种紫红色染料。

如果你去过赫梯、巴比伦、亚述甚至希腊,你就会发现,那里的贵族和祭司,都喜欢穿一种紫红色的大袍子。因为紫色代表高雅,是身份的象征,是地位崇高的标志。

可是,令他们烦恼的是,不论采用什么办法,本地生产的袍子穿久了,上面的紫红色还是会慢慢褪掉。

而有一个地方生产的布,却总能保持鲜艳的紫红色。即使穿破了,颜色也跟新的一样。

世界风云

于是，人们便纷纷去买这种布匹，并把能生产这种布的人叫做腓尼基人。

那么，这种紫红色的颜料是怎么做出来的呢？

腓尼基人把记者带到了当地的泰尔（今属黎巴嫩）城。原来，在那里的海岸上，生长着一种骨螺，只要把这种骨螺砸碎，就会有紫红色的液体流出来。就是靠着这种液体，腓尼基人做出了永不褪色的染料。因此，这种染料，又叫做"泰尔紫"。

据腓尼基人介绍，泰尔紫的发现，其实源于一次偶然事件。

有一天，一个泰尔人从海边捡回一堆海螺，煮好之后，扔了几个给他的猎狗。猎狗衔了一个，使劲一咬，顿时鼻子上就变成鲜红的一大片。

那人以为狗受伤流血了，急忙用清水给它洗伤。可是洗完之后，发现狗鼻子还是一片鲜红。

"这是怎么回事？"

那人心生疑惑，拿起海螺仔细观察，发现它分泌的黏液在空气中过一段时间，就变成了紫红色，于是又捡回一大堆这种海螺，将其砸碎，放在水里熬，就熬出了这种紫红色的染料。

人们发现了这个秘密，都争相去捕捞这种海螺，用来做染料。果然，这种紫红色的布一生产出来，就受到了地中海沿岸许多国家的欢迎。

腓尼基人也因此发了财，成了地中海一带的大财主。

世界风云

钻到钱眼里的人

除了盛产紫红色的布匹,腓尼基还盛产葡萄、橄榄、椰枣以及名贵的雪松木等,这些都受到人们的热烈欢迎。

公元前1500年左右,聪明的腓尼基人开始驾着船,在地中海繁忙地穿来穿去,四处做买卖。

到的地方多了,腓尼基人发现每个地方的特产都不一样,有时只要拿本地一些很普通的东西,比如紫红色的布、金属做的杯子、玻璃珠子、青铜做的斧头,就很容易从别的地方换到一些名贵物品,比如黄金、宝石、豹皮、象牙等。不过,他们最喜欢的是一种香气扑鼻的树脂,因为这个在埃及很受欢迎,可以卖出很高的价钱。

慢慢地,不管是什么生意,只要有钱赚,他们都要插一脚,甚至像海盗一样在海上抢劫。

最令人不齿的是,就连人,也成了他们的商品。他们四处贩卖人口,甚至诱骗、逼迫自由民当奴隶,然后把金钱装进了自己的腰包。

腓尼基人的不择手段,让四周的人们对他们恨之入骨,不愿意和他们交朋友。

人们都说,一个不择手段的民族再强大,终有一天都会被抛弃的。真的是这样吗?

了不得的海上骑手

在海上做生意,光会做买卖还不行,还要懂航海技术。

腓尼基人就是这方面的专家。他们建造的船,有尖尖的船头,高高翘起的船尾巴,船身有两层,上层的人负责指挥,下层的人负责划桨。这种船坚固耐用,载货量大,开动起来像鸭子一样灵活,不但跑得快,还跑得远,一天能走三四十公里。

坐着这样的船,腓尼基人跑遍了地中海的各个海港。人们都说腓尼基人是最善于航海的人。

世界风云

公元前600年左右,埃及的法老尼科二世把几位腓尼基最优秀的航海家召到王宫,说:"听说你们经常吹牛,说腓尼基人最会航海。现在我让你们从埃及出发,始终向右航行,最后回到埃及。你们做得到吗?

"如果做不到,你们现在说,我也不会惩处你们。但是以后呢,你们就不要再吹了。如果做得到,当然了,我也会重赏你们!"

几位腓尼基人一听就明白了,这是让他们去开辟一条从来没有人走过的航道。

这可了不得!据说地中海和大西洋之间的直布罗陀海峡是世界的尽头,要是掉下去,就再也回不来了。

这不是让人去找死吗?

然而,意外的是,腓尼基人答应了。几天后,他们驾着三艘双层的划桨船出发了。

这一去就是三年,杳无音讯。

当法老以为这几位腓尼基人已经葬身海底时,突然有一天,有人告诉他,那些人回来了。

世界风云

法老大吃一惊,急忙把他们召进宫来。

一见到他们,法老脸一板:"你们好大胆,居然敢欺骗我。说!这三年你们躲到哪里去了!"

腓尼基人于是将这三年的航海经历详细地说了一遍,然后向法老献上了他们沿途搜集到的各种珍宝。

法老这才转怒为喜,重赏了他们,并说:"你们腓尼基人果真是最优秀的航海家啊!"

原来,这次航行,他们不但驶出海峡,还往北航行到英吉利海峡附近;往南走过赤道,去了非洲的最南端。(注:比后来葡萄牙人沿西非海岸南下,绕过好望角到达印度洋要早2000多年。)

更厉害的是,不管是往南还是往北,他们都回到了家乡,不但带回了财富,还带回了各种各样的知识。比如,用太阳和星星确定航行的位置,即使在陌生的海域航行,也不会迷失方向。

对于腓尼基人的勇敢和智慧,其他民族都纷纷表示无比佩服,为此还把北极星称为"腓尼基星",把腓尼基人称为"海上骑手"。

有了ABC，从此很HAPPY

公元前1400年左右，记者来到腓尼基的乌加里特城（后被"海上民族"所灭）。这是一座名副其实的国际大都市，云集着来自世界各行各业的人。

也就在这里，记者发现了一种从来没有见过的文字。这些文字，既像埃及的象形文字，又像巴比伦的楔形文字，但看起来又比这两种文字要简单。据说这就是腓尼基人的字母文字。

腓尼基人为什么要创造字母文字呢？要知道大家已经习惯使用象形文字和楔形文字了，这不是多此一举吗？

说这话的人，一定不是腓尼基人。

作为一个生意人，腓尼基人每天必须要面对的一个烦恼，就是记账，记不完的账。

而跟他们做买卖的对象都是外国人，因此他们不得不学习和掌握各种语言和文字，尤其是埃及的象形文字和巴比伦的楔形文字。

但用着用着，腓尼基人发现，这两种文字写起来太烦琐，也太浪费时间。

时间就是金钱。为了刻几个字，花那么多时间，对于腓尼基人来说，相当于从他们口袋里掏钱，实在是太痛苦了！

这怎么成呢？！

于是，本来脑袋就灵光的腓尼基人，就想办法在那两种文字的基础上，把原来像图画一样的文字改成了22个拼音字母（无元音）。

智慧森林

　　在腓尼基人的传播下，人们很快发现了这种字母的好处——传递消息快捷、书写方便、容易辨认。

　　慢慢地，这些简单、易记的字母就成了大家通用的文字。

　　（注：腓尼基字母是人类历史上第一批字母，是腓尼基人对人类文化的最伟大的贡献，也是世界字母文字的开端。）

穷得只剩下钱了

埃及人

你们说腓尼基人到底是傻还是聪明呢？说他们傻吧，人家那么会赚钱；说他们聪明吧，却连个像样的国家都没有。就连航海这么伟大的事情，他们也是因为有利可图才去做的。

管他们傻还是聪明，如果不是特别需要某件东西，我一般不跟他们打交道，免得一不小心被他们骗了，还给他们数钱！

巴比伦人

赫梯人

他们也不想想，就算能欺骗别人一时，能欺骗大家一世吗？为了赚钱，可以不讲人性？不讲诚信？不顾别人死活？甚至连国王都可以不顾廉耻去当海盗？

也许可以换个角度去想一下。他们没有国家，完全是靠自己敢吃苦，敢冒险，敢拼命的精神打拼出来的。所以，他们才会把个人财产看得那么重要。但是如果一个民族没有文化、信仰和追求，只有钱，那这个民族的命运是危险的。希望他们能早点醒悟吧。

犹太人

名人来了

特约嘉宾
无名氏
（简称"无"）

越越
（简称"越"）

> 嘉宾简介：腓尼基人是个特别的存在。有人说，他们是了不起的商人，也有人说，他们是唯利是图的小人；有人说，他们是勇敢的航海家，也有人说，他们是恶贯满盈的海盗……那在他们自己眼里，腓尼基人又会是个什么样子呢？

越：您好，我一直有个疑问，你们腓尼基人也算很有名了，为什么没有考虑建立一个统一的国家呢？

无：腓尼基人四海为家，很难聚在一起，没有这个必要。而且搅在一起干吗？打群架吗？打来打去最没有意义了。

越：那什么才有意义呢？

无：赚钱啊，赚很多很多的钱！

越：可赚了钱，却没有强大的国家在后面撑腰，不怕被人抢吗？

无：抢？我们的城邦大多建在陡峭的山崖上，哪有那么容易被抢去？

越：我听说新巴比伦就围攻过你们，抢了你们不少财物。

无：注意，不是抢的，是我们主动送的。你想，他们为什么打我们，不就是要钱吗？我们什么都缺，就是不缺钱，拿点钱给他们意思一下，大家各取所需，也就相安无事了。

越：有钱人就是大气！——土豪，我刚看到你的船，不但质地坚硬，还散发阵阵清香，用的木材还挺高级的吧？

无：有眼光！这船用的是我们黎巴嫩产的雪松，是"神木"噢。埃及的胡夫法老有一件陪葬品，叫太阳船，用的也是这种雪松。

越：据我所知，埃及神庙、巴比伦的王宫和花园、犹太人的神殿，用的都是这种雪松。

无：有见识！这些都是很重要的建筑，不用雪松，怎么

名人来了

能显示它们的高贵奢华有内涵呢？哈哈。

越：可是，再这样砍下去，雪松都快被砍光了吧？这不是杀鸡取卵，很蠢吗？

无：蠢？你去打听打听，这世界上还有比我们更聪明的民族吗？

越：应该是有吧……比如，犹太人？

无：犹太人也是因为和我们关系好，从我们这里学到了点皮毛而已。

越：但犹太人的口碑比你们好很多噢。人们说你们又贪婪又狡诈，这点你们如何解释？

无：这是赤裸裸的嫉妒！没有我们，他们能穿上华贵的长袍？能得到那么多奴隶？能搜刮那么多民脂民膏？

越：这只能充分表明，你们才是罪恶的源头。听说你们泰尔城靠着一些见不得阳光的手段，街上的银子堆得跟土一样多，金子堆得像沙子一样多。

无：这都是我们凭本事换来的，用命换来的！若没有我们，你们现在还像巴比伦的农民一样，认为地面平的像镜子，根本不知道地球是圆的！谁蠢？

越：……

无：好了，说我们勇敢聪明也好，说我们阴险狡诈也好，随你们怎么说吧。我浪费太多时间在这采访上了，你们给的出场费太少，我还是做生意去了，再见！

（注：由于腓尼基人后来消失，有关他们的记载，都出自希腊人和罗马人之手，他们都曾吃过腓尼基人的苦头。）

89

广告贴吧

欢迎来到腓尼基商铺

　　本商铺有来自各个国家和地区的商品，有象牙、木材、羊皮纸、贵重金属、橄榄油、染料等，所有商品物美价廉，欢迎大家前来选购。

腓尼基某商铺

水手召集令

　　近日，我们有一批货物需要从推罗运送到迦太基，急需水手若干名，要求身体健康，能吃苦耐劳，有跟船经验者优先，一经录用，待遇从优。名额有限，有意者速来报名，过时不候！

腓尼基商船船会

三层划桨战船研制成功

　　为了保护我们的商人，我们现已制造出三层划桨战船。该船最大的特点是划桨手叠排错开分成三层，这样水兵不受划桨手的影响，船的重量也减轻了。每艘战船能容纳两百个船员。无论是行驶速度还是战斗力，都大大增加！

　　本船产量有限，欢迎大家前来订购，先到先得！

腓尼基战船研制中心

智者为王 第❷关

1. 第一个建造梯形金字塔的法老是谁?
2. 古埃及人为什么热衷于做木乃伊?
3. 最高大、最有名的金字塔是哪个?
4. 朱鹭和甲虫,哪一种是埃及人眼中的神圣动物?
5. 金字塔是法老发明的吗?
6. 胡夫的儿子叫什么名字?
7. 哪种人大约在公元前17世纪控制了埃及?
8. 埃及第一位女法老叫什么名字?她统治了埃及多少年?
9. 阿蒙赫特普四世的宗教改革,最重要的一点是什么?
10. 世界上最早的"休战文书"是埃及和哪个王国签订的?
11. 除了河神外,埃及最信奉什么神?
12. 最长寿的埃及法老是谁?
13. 赫梯、巴比伦、亚述、希腊的贵族和祭司最喜欢什么服装?
14. 谁最早到达非洲的最南端?
15. 腓尼基人发明的是什么文字?

智者无敌 王者为大

第7期

【公元前1250年—公元前931年】

跟着王子出埃及

穿越必读

世界上有这样一个民族，他们相信自己是上帝的选民，是最优秀的民族。他们屡遭劫难，四处流浪。但他们始终坚守自己的信仰，从不更改。他们就是世界公认的最苦难，也最聪明的民族——犹太民族。

王子带着奴隶出走了
——来自埃及的秘密快讯

（本报讯）公元前1250年，埃及发生了一件大事——摩西王子带着一群奴隶离开埃及了！

这位王子为什么放着锦衣玉食的生活不过，要离家出走呢？

据知情人透露，这事与之前的法老埃赫那吞有关。埃赫那吞大家还记得吧？就是那个不顾一切想让大家相信一个神，却因此丢了性命的法老。

虽然他失败了——到现在埃及人还是相信有很多神，但他也得到了不少拥护者，而摩西就是其中一位。

摩西也想让大家相信一个神。可这在埃及是行不通的，所以他决定带领一群奴隶离开埃及，去创造一个新世界。

那么，这群奴隶是什么人？摩西王子为什么要带他们离开呢？别着急，下面本报将为你一一揭晓。

来自埃及的秘密快讯！

绝密档案

走走走，何处是真正的家

据了解，这群跟随王子出走的奴隶，并不是埃及人，之前也不是奴隶，而是一支叫希伯来的游牧民族。

据说他们最早的时候，在两河流域一带游荡，后来在一个叫亚伯拉罕（希伯来人的祖先）的老人带领下，沿大河北上，搬到了阿拉伯一个叫迦南（今巴勒斯坦）的地方。

大约在公元前1800年，迦南发生了饥荒，希伯来人连饭也吃不饱，听说埃及是一个牛羊遍地、五谷丰登的好地方，便又搬到了埃及。

这时的埃及被希克索斯人统治着。希克索斯人也是游牧民族，见了希伯来人格外亲切，让他们一起帮忙治理埃及。

靠着希克索斯这棵大树，犹太人的日子过得十分滋润，有的还当上了埃及的大官。其中有不少是亚伯拉罕的孙子雅各（又叫以色列）的后代。所以，埃及人又管他们叫以色列人（即今天的犹太人）。

然而，希克索斯人被赶走后，厄运再次降临到他们身上——犹太人被埃及人统统降为奴隶，罚做苦工，修宫殿，每天起得比鸡早，睡得比狗晚，干得比驴多，吃得比猪差，日子过得比黄连还苦。

尽管如此，犹太人的人口还是越来越多，大有超过埃及人的趋势。法老担心控制不了，下令将所有犹太人的男婴溺死，以斩草除根。

绝密档案

就在这时，有位公主在尼罗河上发现一个竹篮，篮里装着个小男孩，粉嘟嘟的，煞是可爱，于是便把孩子抱进了宫，还给他取了个名，叫摩西（意思是从水里拉出来的孩子）。

很多人猜测说，他的父母极有可能就是犹太人，为了躲避屠杀，才想出这个办法。

摩西长大后，一些关于他是犹太人的传闻，渐渐传入他的耳朵。从此，他便开始关注这些可怜的以色列人。

一次，他不小心打死了一个正在欺负犹太人的埃及奴隶主，被法老通缉，只好隐姓埋名，跑去放羊。

这一放就是四十年。

有一天，摩西像往常一样，从山上放完羊回来，告诉大家，上帝让他带着犹太人回迦南去。

周围的人都以为他发了疯。先不说犹太人的处境如何，就凭摩西已经八十多岁的身板，他还能做成什么大事呢？

然而，摩西还是冒着生命危险回到了埃及，请求法老允许他带一批犹太人离开。法老巴不得埃及的犹太人少一点，于是同意了。

犹太人也巴不得离开埃及，摩西一声"跟我走吧"，他们立即高高兴兴地跟着摩西上路了。

奇幻漂流

是走，还是回？

编辑老师：

您好！我是一名犹太人。我们怀着美好的希冀跟着王子出了埃及。可事实证明，想法是美好的，现实是残酷的。

这一路，我们吃不饱，睡不好，受尽风吹雨打。更让人绝望的是，这条路好像永远走不到尽头。

现在队伍里已经有不少人后悔了，说这样下去，宁可回埃及当奴隶；还有人甚至造出一头大金牛，悄悄祭拜。

王子知道后怒不可遏，下令把那些不听话的人全部杀掉。这让我更加害怕了——继续往前走吧，可能会饿死、累死，或者被人杀死；回埃及吧，可能会受折磨而死。

唉，左右都是死，我们到底该怎么办呢？

一个迷茫的犹太人

迷茫的犹太人：

你好！如果你想回去继续做奴隶，我劝你打消这个念头，你忍心你的子子孙孙以后跟你一样，世世代代都是奴隶吗？

既然横竖都是死，为什么不继续往前走？也许最后，你不一定能过上想象的生活，但你的孩子、孙子，可能因为你今天的努力拥有一个不一样的人生。

相信我，只要坚定信念向前走，就没有到不了的远方！

编辑 穿穿

世界风云

犹太人和他的邻居们

公元前1200年左右，流浪的犹太人终于到达了迦南。这时候，摩西已经去世了。但他的同胞们已经在他的帮助下，找到了真正属于自己的家园。

安定下来的犹太人形成了两个较大的部落，一个叫以色列，一个叫犹太。他们创立了犹太教，坚信自己是上帝的"选民"，是特别挑选出来的一群人，因此，他们不愿意和其他民族的人通婚，以免后代的血统不够纯正。

邻居们觉得他们既傲慢，又讨厌，有事没事就找他们的茬儿。尤其是北方的腓力斯丁人（又称为"海上民族"），因为摧毁了赫梯王国获得了冶铁秘方，战斗力极强，不但经常欺压犹太人，还想强占这块肥沃的土地。

这时的犹太人却没有领头人，如同一盘散沙。为了把大家团结起来，他们选了一个叫扫罗的勇士，来做大家的国王。

扫罗建立了一支军队，带领大家打了不少胜仗。可惜在一次与腓力斯丁人的战斗中，不幸被弓箭射中，受了重伤，为了不成为敌人的俘虏，自杀身亡。

而可恶的腓力斯丁人，还把他和他三个儿子的尸体钉在墙上，像战利品一样，向犹太人炫耀。

犹太人看国王都死了，纷纷弃城逃跑。好不容易建立的国家，眼看就要亡国，他们会怎么办呢？

嘻哈乐园

世界风云

爱打仗的父亲

扫罗死后,年轻的大卫登上了王位。说起大卫,犹太人是无人不知,无人不晓。

传说,在他年纪还小的时候,有一次,犹太人和腓力斯丁人又准备开战。临战前,对方搬出一位巨人,向犹太人挑衅说:"有种你们就派一个人出来和我打!"

这个巨人不但长得高大魁梧,而且力大无穷,因此一连叫了几日,犹太人都不敢应战。

大卫来军营给哥哥送食物,听到叫骂,立即跑出去迎战,连盔甲都没戴。

巨人见他满脸稚气,根本没把他放在眼里。大卫趁他不注意,用力一甩,一颗小石头"咻"的一声飞出去,正中巨人的脑袋。巨人大叫一声,扑倒在地,再也没有起来。

大卫一战成名,后来还成了扫罗王的女婿。

在大卫王的率领下,犹太人把一直欺负他们的腓力斯丁人狠狠地打了一顿,出了一口恶气。

随后,犹太人又打败其他邻国,攻占了一座叫耶路撒冷(意思是"和平之城")的小城。这座城市很小,小到什么地步呢?找遍整个城市,只能看到一口井。可就是这么小的一个地方,大卫却看中了它,并以它为中心,建立了以色列-犹太王国。

从这以后,耶路撒冷由一个小城,摇身一变,成了一个繁华

世界风云

的都城；而以色列-犹太王国，则成了亚洲西部最强大的国家。

当然，这一切，都是靠大卫不停地征战换来的。据爆料，这位好战的国王，在位四十年，没有一天不出征，而被他活埋的俘虏，也是多得数不过来。

对犹太人来说，他是一位英雄；而对邻居们来说，他却是一个噩梦。也许是树敌过多，据说大卫临死前，把17岁的儿子所罗门叫到床边，教他如何防备敌人，如何攻打敌人，等等。

可是，他的这番苦心，做儿子的能体会到吗？

世界风云

爱赚钱的儿子

有意思的是,所罗门继位后,并不像他的父亲那样热衷打仗,而是热衷做生意。

据说他的智商超级高,没有一个人能骗得了他。因此,凭着这颗聪明的脑袋,他赚了很多很多的钱。

腓尼基人不是善于做生意吗?——他就放弃与腓尼基人的争斗,与他们握手言和,和推罗的国王称兄道弟,向他学习如何做生意。推罗王也很讲义气,帮助他组织大型船队,开往东非沿岸,去换取象牙、檀香、黄金等财物。

埃及不是很强大吗?——他就娶埃及的公主为妻(反正他的妻子很多),得到一座城市做陪嫁。四方邻国也因此慕名前来拜访。

就连示巴(今也门国)女王也因为仰慕他的才华与智慧,与他联姻,给他带去大批香料、宝石和黄金。

在所罗门的英明领导下,犹太人也学会了做生意。当生意越做越大的时候,他们就不断地向别人借钱,去换取货物;也不断地借钱给别人,去赚取利息。

慢慢地,他们赚的钱越来越多。借的、换的钱多了,为了方便周转,他们就把钱存在庙宇(相当于现在的银行)里。

原本穷得叮当响的犹太人一下超越腓尼基人,成了

世界风云

世界上最精明的商人。而所罗门呢,也因此拥有了数也数不清的财富。据说他在耶路撒冷的银子,和街上的石头一样多呢!

有了钱,所罗门决定在耶路撒冷建造一座宏伟壮观的圣殿。

他用成堆的珠宝、金子和银子,换来了黎巴嫩最好的木材,请腓尼基最杰出的能工巧匠,来建造这座圣殿。前后动用了十几万人,花了足足七年时间,才将这一伟大的工程修建完成。

整座圣殿里面全部用昂贵的雪松和黄金、宝石装饰,地面铺的也都是亮闪闪的黄金,豪华得不得了。据说在场的犹太人看了之后,都激动地流下了泪水。

从此,这座圣殿就成了犹太人心目中最圣洁的地方,耶路撒冷则被犹太教徒视为自己的圣城。

自由广场

先知的警告

我真不明白,既然有了这么好一座圣殿,王为什么还要再建一座更大更豪华的王宫呢?这次总不是为了上帝建造的吧?

某建筑师

某珠宝商

唉,这次啊,是为了自己享受,真是腐败!自从有了这个王宫,所罗门王就很少到圣殿来了,上帝现在心中一定很不满。

那你的意思是上帝会惩罚我们?噢,前几天,我听到有个"先知"预言说,未来我们的王国将会灭亡,我们将会再度变成奴隶,或者四处流浪。要真是这样的惩罚,可真糟糕!

某牧羊人

王宫侍卫

这些"先知"都是些穷人,自己都穿得破破烂烂,说起话神神道道,你们也信?反正我不信,智慧的国王就更不会相信了!

未来会是什么样子,大家会碰到什么事情,该说的,既然我知道,我就会和大家说。这算是一个警告,国王和你们这些人信不信没关系,一切让事实来证明吧。

某先知

名人来了

特约嘉宾 所罗门（简称"所"）

越越（简称"越"）

> 嘉宾简介：以色列-犹太王国第三代国王。据说他是所有犹太国君中最有智慧、执法最公正、最善于解难释疑的君王，没有人能欺骗得了他。在他的统治时期，以色列-犹太王国盛极一时，因此犹太人尊他为民族英雄。

越：所罗门王，您好，听说您曾经破过一个大案，帮助一个小孩找到了亲生母亲？

所：是啊，不过这不算什么大案。

越：您太谦虚了，这可是官员都破不了的案子，能给我详细说说吗？

所：案子很简单，就是两个妇女争夺一个孩子，都说那孩子是自己的。官员们也搞不清，就请我来决断了。

越：就这样？验个DNA，不就真相大白了吗？

所：DNA是什么？

越：呃，这个说了您也不懂。——您继续。

所：我的方法很粗暴了，我对她们说，既然无法判断，那就用剑把孩子劈开，一人一半。

越：（目瞪口呆）这……这也行？

所：当然不行啊，但有哪个母亲会在自己的孩子受到伤害时无动于衷呢？所以，听到我的话后，哭闹着保护孩子的妇女，就是孩子的亲生母亲，反之，则不是。

越：国王英明！我还真以为把孩子劈成两半，吓死我了！

所：……

越：有您这样智慧的国王，大家日子过得不错吧？

所：那是当然。以前我们穷得不得了，为了节省布料，穿的是紧身衣，踩的是草鞋。现在你走在街上看看……

越：草鞋换成了皮鞋，紧身衣换成了长衣衫，女人也学会打扮了，又涂胭脂又抹粉的……因为你们有钱了，是吧？

名人来了

所：对，我们有钱了！有钱了日子才能过得好。像我父王那样成天打仗，损人不利己，特傻！

越：打仗确实不好。可腓尼基人以前那么欺负你们，你为何还与他们结盟呢？

所：这世上没有永远的敌人，只有永远的利益。你知道他帮我组织的远航船队，一年能给我带来多少收益吗？你知道他的能工巧匠，为修建圣殿出了多少力吗？敌人会带给我这些？

越：国王英明。怪不得大家说您是全国最聪明的人。

所：赚钱靠什么？靠的就是脑子，脑子有多聪明，你就能赚多少钱。

越：那您肯定是全国最有钱的人喽？听说您的银子比街上的石头还要多？

所：这个嘛……我就举个例，每年各个附属国给我上贡的贡品有几百万塔兰特（1塔兰特约相当于26千克）黄金，全部都存放在圣殿里——这只是其中一小部分。

越：哇！这么有钱！难怪您的宫殿这么豪华，生活这么奢侈。

所：赚这么多钱干吗？还不是为了快活、享受！

越：可是，你们有钱人吃着美味的羊肉，喝着香醇的葡萄酒，睡着象牙雕成的床，穷人却被压榨得连双鞋都买不起啊！这不好吧？

所：有压力才有动力！这样他们才会想办法去赚钱啊。

越：（大汗）这……压力太大，您不怕他们反抗吗？

所：（脸一沉）他们敢！

越：可是……

所：（起身离开）没什么可是，我的威望足以震慑他们。我的后宫佳丽还在等我呢！今天的采访就到这里吧。

越：所罗门王……好吧，再见！

广告贴吧

寻找所罗门的宝藏

听说所罗门拥有数不清的宝藏,死后藏在一座城里的一个隐秘的暗道里。我很想去找找看,有感兴趣的朋友和我一起同行吗?

一个资深探宝人

打造铁器

在这个战争不断的年代,铁器是十分珍贵而稀少的。

为了让人人都能拥有一件铁器,本铺愿意用我们一流的冶铁技术,为大家打造各种各样的铁器。不论是方的、圆的、长的、扁的、尖的,只要是你想要的,我们都能替你打造出来。

相信我,腓力斯丁人出品的铁器,必属精品!

一号铁器铺

欢迎女王的到来

为促进两国和平,英明神武的所罗门国王将与美丽聪颖的示巴女王联姻。目前女王已带着大批香料、宝石和黄金从阿拉伯半岛出发,近日将到达耶路撒冷,请全城百姓做好迎接女王的准备。

国王婚礼筹备处

第 8 期

【公元前 722 年—公元前 539 年】

巴比伦之囚

穿越必读

以色列-犹太国一分为二后,新巴比伦两度攻打耶路撒冷。犹太人打不过新巴比伦人,成了他们的阶下囚。之后,等待犹太人的,是漫长的苦难……

顺风快讯

"两兄弟"分了家
—— 来自耶路撒冷的快讯

来自耶路撒冷的快讯!

（本报讯）所罗门去世后没几年，犹太人闹起了分家。双方吵得不可开交，最后像切蛋糕一般把以色列－犹太国分成了两半。北边的叫以色列王国，南边的叫犹太王国。

拥有同一个祖先，一起受过穷，一起享过福，最后却一拍两散，各奔东西，让人唏嘘不已。

而分了家的"两兄弟"，并没有因此变得强大。相反，以色列王国仅维持两百多年，就被强大的亚述帝国灭亡。犹太国虽然献出24吨黄金，保住了国王的宝座，却也沦为亚述帝国的附庸。

有意思的是，这个征服犹太人的亚述帝国，据说和犹太人有着同一个祖先，算起来还是兄弟。

那么，这个亚述帝国是如何一步一步强大起来的呢？接下来，让我们走进亚述帝国去瞧一瞧。

恐怖之国
——亚述帝国的征服简史

大家都知道,亚述很早以前就是一个强大的国家,被汉穆拉比赶到两河流域的北边后,才渐渐衰落。

公元前9世纪,亚述从赫梯人那里学会了冶铁,又创建了一支能征善战的军队,这才再度强盛起来。

他们的军队分工明确,有步兵、工兵、骑兵、战车兵和弓箭手。武器也是多种多样,有弓箭、长枪、短剑、战斧、投石器、攻城锤等。

而说起打仗,亚述人更是令人毛骨悚然。

比如攻打城池时,他们先是把一种特制的轮盘套上绳子,装在巨大的木框里,用力一拉,里面会飞射出巨大的石头和熊熊燃烧的油桶,城里立刻会燃起熊熊大火。

要是里面的人还不献上投降书开门投降,他们就使用攻城锤。这种锤装有巨大的金属撞角,再坚固的城墙,一戳也能戳出一个大洞。著名的大马士革城就是这样被他们攻破的。

亚述人行军非常迅速,每攻下一座城池,就马不停蹄地又跑去攻打另一座城池,就连湍急的河流也挡不住他们。因为他们会把一个个羊皮囊或牛皮囊注入空气,连接起来放到河面上,一直排到对岸,然后再在上面铺上树枝,搭成一座浮桥,将将士和战车运过河去。

绝密档案

据说他们最快的时候,曾经创下三天之内接连攻下51座城的纪录!怎么样?吓人吧!

一场又一场的胜利,让亚述人对打仗上了瘾。国王们像疯了一般到处征战,有的甚至终生坐在马背上,舍不得停战。

不服?就打到你服!管什么尸横遍野,管什么血流成河!

一场战争下来,被他们砍下的头颅,可以堆成一座高高的山!而有幸活着的俘虏呢,不是被他们折磨死,剁成肉酱,就是被送进狮子的洞穴,被狮子撕成碎片。

——恐怖吧?

就是凭着这么一支杀人不眨眼的军队,亚述建立了一个地跨亚、非两大洲的超级帝国。整个地中海沿岸,除了希腊和意大利,几乎全都被它占领了。

嘻哈乐园

奇幻漂流

要智取，不要硬攻

编辑老师：

您好！我是迦勒底民族的首领那波帕拉萨。这些年来，为了对付亚述这个恶魔，很多国家结成盟友，想用武力把他们推翻。

但我认为，亚述人四肢发达，头脑简单。他们打仗，只是为了钱财。钱财到手，就对攻下的城市撒手不管了。所以，对付他们，没必要硬攻，智取即可。但我一时也没有什么能够智取的办法。您见多识广，有什么好建议吗？

那波帕拉萨

那波帕拉萨：

您好！据我所知，现任亚述国王亚述巴尼拔文武兼备，能力非凡。如果您的对手是他，即使是智取，恐怕胜算也不是很大。

为了保存自己的实力，在没有十足的把握之前，先不要轻举妄动。您不妨像埃及法老那样，在他面前扮演一个没有野心的臣子，假装对他一副很忠诚的样子，让他先对您放下戒心。只要取得他的信任，这事儿就算成功了一半！消灭亚述帝国也就指日可待了！

编辑 穿穿

（注：公元前626年，那波帕拉萨获得亚述巴尼拔的信任，派去管理巴比伦。亚述巴尼拔死后，继任的新国王昏庸无能，那波帕拉萨乘机宣布独立，建立新巴比伦王国。）

世界风云

巴比伦之囚，谁的错？

公元前612年，新巴伦与米底王国（位于今伊朗）联手，攻陷亚述的都城尼尼微，又接二连三地征服了许多国家，当上了美索不达米亚平原的新主人。可是犹太王国却不愿意买他的账。

那波帕拉萨死后，他的儿子尼布甲尼撒（史称尼布甲尼撒二世）继承了王位。

继位没多久，新巴比伦就与埃及打了一仗，损失惨重。偏偏这时候，犹太王国却宣布脱离巴比伦，投向埃及。

这不是在自己的伤口上撒盐吗？尼布甲尼撒气得七窍生烟，发誓要教训一下这个叛徒。

公元前598年，犹太王国的国王去世了，新登基的国王才18岁，没有什么能力。尼布甲尼撒认为这是个进攻犹太国的好机会，就亲自率领大军攻陷耶路撒冷，逼得国王带着所有大臣出城投降。

为了惩罚犹太国的叛变，尼布甲尼撒废掉了这位新国王，把他与贵族大臣、能工巧匠等作为战利品，带回了巴比伦（史称"第一次巴比伦之囚"）。

撒军之前，尼布甲尼撒封原国王的叔叔为新国王，并给他改名为西底家，还让他发誓永远不背叛巴比伦。

然而，西底家也不是个让人省心的主。他担心自己的侄子有一天会重返耶路撒冷，夺走自己的王位，天天睡不好觉。十年后，

世界风云

又再次背叛巴比伦，投靠了埃及。

这下，尼布甲尼撒彻底怒了！他再次率军，杀向耶路撒冷。

在长达十八个月的围攻下，耶路撒冷发生了严重的饥荒，再次落到巴比伦的手中。

巴比伦的士兵抓住逃跑的西底家，挖掉了他的双眼，把他带到尼布甲尼撒的面前。

尼布甲尼撒对他说："这就是你们背叛我的下场！"

这一次，尼布甲尼撒将耶路撒冷洗劫一空，房子、王宫被烧得干干净净，几乎所有活着的犹太人都被掳去了巴比伦（史称"第二次巴比伦之囚"）。

曾经辉煌的犹太帝国自此灰飞烟灭。犹太人又一次沦为奴隶，成了没有家园的可怜虫。

可是，这又是谁的过错呢？

世界风云

国王是个伟大的建筑师

你知道吗？尼布甲尼撒不仅是一个伟大的国王，还是一个伟大的建筑师。新兴的巴比伦城就是来自他的大手笔。

整座城建得方方正正，气势恢宏。四周是两道高高的城墙，城墙上宽得可以跑四匹马的战车，城墙外是又宽又深的护城河，城墙的四周足足有一百扇门，全都由黄铜铸造而成，上面装饰着各种各样的琉璃砖，色彩斑斓，绚丽多彩。

美丽的幼发拉底河从中穿过。大河两边，修建了许多大道，通向四面八方。大道两旁，到处是精美的雕塑和庄严的神庙。其中，最高的一座神庙叫通天塔，差不多有三十层楼那么高，远远看去，好像真的要冲到天上去呢！

大道上来往的人各种各样，有黑头发的埃及人，蓝眼睛的犹太人，还有喜欢戴珠子的埃兰人，等等。他们吆喝着不同的语言，叫卖着来自世界各地的商品，又把这些商品带去世界各地⋯⋯

据见多识广的腓尼基商人说，巴比伦城是他们见过最庞大、最壮丽，也是最豪华的一座城市，就连当年的尼尼微城，也比不过它！

除了巴比伦城，尼布甲尼撒还做了一件很了不起的事，那就是修建了一座美轮美奂的"空中花园"。

还记得米底王国吗？就是那个帮助新巴比伦消灭亚述的国家。为了和米底继续修好，尼布甲尼撒娶了一位米底的公主。

世界风云

米底的公主从未离开过家乡，嫁到巴比伦后，因为思念故乡，整天闷闷不乐。

原来米底的城市大都建在山上，四周都是郁郁葱葱的树木。而新巴伦呢，放眼望去，却是无边无际的平原，除了漫漫黄沙，炎炎烈日，连棵树的影子都找不着。

为了让公主高兴起来，尼布甲尼撒召集了几万名能工巧匠，按照米底山区的景色，在王宫的屋顶上建造了一座花园（被后人誉为"世界七大奇迹之一"）。

花园由一层又一层的平台组成，上面种满了来自各地的奇花异草，还有树木。技术高超的工人还给它装上了一个人工抽水系统和一个蓄水池，接上水管，可以随时给花园里的植物浇水。

茂密的树林，幽静的小道，潺潺的流水，即使是在最炎热的日子里，这里也是清凉无比。

远远望去，整座花园就像悬在空中一般，令人惊叹，如果你有幸能看到它，相信我，你一定会像公主一样，爱上它。

（注：记者表示，能亲眼看到这座现已不复存在的"空中花园"，心情无比激动。）

智慧森林

巴比伦人的智慧

凡是来过巴比伦的人，都会被他们创造出来的文明折服。他们继承了苏美尔人和阿卡德人的传统，同时又把他们的东西发扬光大。

他们很早就拥有一定的数学知识，不仅能解出含有三个未知数的方程组，还知道和应用"勾股定理"（也就是希腊人所称的毕达哥拉斯定理）——"直角三角形的两条直角边的平方和等于斜边的平方"。

不过，他们最厉害的还不是数学，而是天文历法。

和苏美尔人一样，巴比伦人也喜欢研究星星。看啊看啊，他们发现了很多惊人的规律。比如，太阳在天空中有固定的"行走"路线——"黄道"，还能准确地计算出，星辰日月相对循环一次，需要多少时间（与现代的测算相差无几）。

通过对太阳、地球和月亮的仔细观察，他们还可以预测太阳被月亮和地球挡住的时间，也就是日食和月食的时间。

他们还用太阳、月亮、火星、水星、木星、金星、土星当做一周七天的名称。其中太阳是星期日，月亮是星期一……依次类推。这就是七天为一个星期的来源。

你说，他们是不是很厉害呢？

自由广场

谁能灭掉新巴比伦

某珠宝商

唉,自从尼布甲尼撒国王去世后,新巴比伦是一天不如一天。这5年里,光国王就废掉了三个,其中还有两位被杀!这样下去,新巴比伦还能长久吗?

是啊,咱们是没落了,可波斯人现在却很厉害啊。他们消灭了米底王国,又征服了吕底亚,我看,马上就要轮到我们了!咱们再不团结起来,后果不堪设想啊!

某种树人

某小兵

大家不要太担心了,别忘了,咱们的城墙固若金汤,如果是硬攻,波斯人是打不过我们的。

你太天真了!我们光城门就有一百扇,这万一出一两个内奸,把其中一个城门打开了,新巴比伦指定得完蛋。

某祭司

名人来了

特约嘉宾
亚述巴尼拔
（简称"亚"）

越越
（简称"越"）

> 嘉宾简介：明明嗜杀，却爱吃素；明明好战，却爱读书。和所有亚述国王一样，在他的心中，所有的事都必须为战争让步。他就是亚述最有名的国王——亚述巴尼拔。

越：尊敬的国王，我到了贵国，才发现你们亚述人跟我想象中完全不一样。

亚：噢，怎么个不一样法？

越：贵国的战士如此勇猛，我还以为长得也像个勇士，没想到一个个顶着个螺丝头，比女人还斯文。

亚：哈哈！这打仗靠的是手段，又不是长相。——好了，你有什么问题就赶紧问吧，待会儿我还要去打猎。

越：打猎？那可以带我去吗？我从未见过，很感兴趣呢！

亚：（狐疑地打量一下越越）你知道我要猎的是什么动物吗？

越：没事没事，什么牛啊，羊啊，马啊，我都感兴趣。

亚：哈，吼——（作前扑状，吓越越一跳）我要打的，是狮子！你要是不怕的话，就跟我去吧。

越：狮子？天，我杀个鸡都害怕。还是算了，我怕它把我给猎了去。

亚：哈，你这胆量，要是跟别人打仗，活不过一天。

越：……我这也是想保护珍稀动物。——难道你不怕吗？

亚：废话，我怎么会怕？只要给我一把匕首，我就能打得它满地找牙。

越：这么厉害？！

亚：我这不算什么，我们亚述最厉害的一位国王最高纪录猎过八百头狮子！

越：呃，你们这么喜欢捉狮子，是不是喜欢吃狮子肉？

亚：吃肉？我们不吃肉，我们吃素。

越：啊，那你们纯粹是为了兴趣而猎狮子喽？

亚：也可以这么说吧。

越：听你的口气，猎个狮子比捉猫还容易。

亚：这种事，只要你胆子大，狮子在你面前也会变成猫。

越：那我还是没有这样的胆子。

名人来了

亚：这胆子要练。比方说，这宫里养了很多珍奇的野兽，我们没事就放他们出来和战士们搏斗一番。战士们能打赢野兽，上阵杀敌就没问题了。——你想不想试试？

越：（脸色煞白）国王饶命，本人连只鸡都打不过。

亚：这么弱怎么行？武力才是一个人、一个国家强大的根本。

越：呃。——其实，我有点好奇，你这么好战，为什么却建了个超大、超豪华的图书馆，这不像你的作风啊！

亚：嗯，谁说爱打仗的人不能爱书了？

越：那倒也是。——那我可以借几本书回去看吗？

亚：借几本？你确定？你连一本都搬不动吧！

越：（这才想起那些书刻在泥板上）噢，那我还是到你的图书馆里看看算了。

亚：行，随便看，里面有十几万块泥板书。我们在这上面加了些标签，只要查一下标签，你很快就可以找到你感兴趣的资料。

越：那太好了。我正愁怎么看呢！据说《吉尔迦美什史诗》这本书你也有，那个之前都没有文字版本的，你可得好好保护啊。

亚：那是自然。我也没有别的什么高雅爱好，唯一的爱好就是看书。书是世界上最神奇的事物，你想要的东西，比如骑马、攻城、杀人等，通过书都可以学到、得到。

越：晕。我第一次觉得读书也是件很罪恶的事情。

亚：你这记者，打仗难道光靠蛮力就行的吗？还要靠智慧的好不好？

越：那你直接说，是读书带给了你智慧不好得多？

亚：……好了，不跟你说了，我要出去打猎了，你要有兴趣的话，我带你顺便逛逛我们的都城尼尼微。

越：（两眼放光）好呀，听说尼尼微是当今最繁华的都市，屋顶和墙壁都镶嵌着金银珠宝，不论是白天或是夜晚，都发出耀眼的光芒。

亚：哈哈，要是你亲眼看到，你会更加惊讶的，走吧！

越：好呢，走吧！

广告贴吧

和平公约

　　为在地中海一带建立一个和平、友好的世界新秩序，新巴比伦、吕底亚、米底和埃及愿结为盟友，从此大家同心协力，互帮互助，绝不给盟友惹麻烦。

　　为表诚意，彼此子女也将互相结为夫妻，以保证联盟和谐友好，共同发展。

四国联盟

关于奴隶的一些许可

　　一、奴隶可以向主人借钱，但必须向主人交付利息；

　　二、奴隶可以以主人名义开店做生意，但必须向主人缴纳年贡；

　　三、奴隶可以做点小买卖；

　　四、奴隶可以拥有自己的财产；

　　五、允许奴隶出庭作证；

　　六、奴隶可以赎回自由身（除寺庙奴隶外）。

新巴比伦王国

第9期

〖公元前 2500 年左右—公元前 188 年〗

印度河的曙光

穿越必读

　　印度是四大文明古国之一。等级森严的四大种姓制度，让人们苦不堪言。而佛教的出现，则对整个印度以及全世界，产生了极度深远的影响……

顺风快讯

一群特别爱清洁的人
—— 来自古印度哈拉巴地区的快讯

来自古印度哈拉巴地区的快讯！

（本报讯）在巴比伦和中国之间，有一个半岛。半岛的北方，有两条大河，一条叫做恒河，一条叫做印度河。

公元前2500年左右，在印度河附近的哈拉巴地区，也出现了一些城镇。

建设这些城镇的人，叫做达罗毗荼人。他们不但会用砖建房子，还会驯养大象，用棉花织布，甚至创造出了属于自己的文字，刻在各种石器、陶器和象牙做的印章上（史称"印章文字"）。

而他们居住的城镇以达罗城和哈拉巴城为中心（史称"哈拉巴文明"），规划齐整，不仅有着宽阔通畅的街道，精美整洁的房屋，还有着设计完善的下水道。

更让人惊讶的是，城里几乎每间住宅都有水井和浴室，最奢华的建筑物就是一个大浴池，大浴池的背面还有一连串的小浴池。每个浴池都有着完美的排水系统，用来排放污水，以防止疾病。

比起其他地方的人，这些达罗毗荼人简直是太爱干净了！

自 由 广 场

突然消失的两座城

巴比伦船工

你们知道吗？达罗城和哈拉巴城居然不见了！那么大的城市和那么多人，说不见就不见，连个人影都找不着了，真奇怪！

我离开之前，印度河上游来了一帮雅利安人，他们一看就和我们达罗毗荼人不是同一个人种，莫非是他们嫉妒我们，把达罗城给灭了？

巴比伦的
古印度移民

巴比伦
木材商

这个说法没证据吧？在这两座城市消失前，雅利安人已经入侵两百多年了，没必要破坏这两座城啊？要我说，可能是达罗毗荼人得罪了神，神一怒之下，用洪水或者台风把他们毁了。

你这说法也没证据。大规模的城市不可能毁于天灾，因为即使是毁了，人们仍可以在原址上重建。——算了，这两座城毁了跟我们有什么关系，咱们还是过好自己的日子吧。

巴比伦祭司

125

世界风云

高贵的人和低贱的人

公元前2000年左右,一群皮肤较白、高鼻梁的人来到了印度河流域,他们跨着战马,驾着战车,征服了比他们先进的达罗毗荼人,在这里称了"王"。

他们认为自己比黑皮肤、塌鼻梁的达罗毗荼人更高贵,骄傲地称自己是"雅利安人"(意思是"高贵的人")——事实上,他们除了会放牧外,只会骑着马儿砍砍杀杀。

为了显示他们高贵的出身,雅利安人声称"高贵的人"天生就要统治"低贱的人"。因此,他们立下了一套严密的"种姓制度",将所有人分成了四个等级:

最高等的是婆罗门,大多是僧侣,主管宗教祭祀和文化教育,占有数不清的财富和奴隶,地位最高;

第二等的是刹帝利,大多是武士,可以当官,也可以当国王,负责保护婆罗门;

第三等的是吠舍,是一般老百姓。他们不能当官,不能主持

世界风云

宗教事务，要经常向婆罗门、刹帝利布施或纳税。

第四等的叫首陀罗，大多是战争中被征服或被俘虏的人，实际上是奴隶，人口最多。

人们认为，低种姓的人，品格也越低。如果一个刹帝利辱骂了婆罗门，罚点钱就没事了；但一个首陀罗做了同样的事，就会割掉他的舌头。

除这四个等级外，还有一个等级，叫旃陀罗（意思是最低贱的人），也被称为"不可接触的人"，他们做的是最低贱的活儿，比如搬运尸体、充当刽子手等，穿的是死人穿过的衣服，用的是别人扔掉的饭碗，走在路上还要避免影子和别人重叠，就连最低级的首陀罗也看不起他们。

在这种严格的等级划分下，出生决定一切。父亲是哪个等级，儿女就是哪个等级，就连他的子孙后代都不会改变。甚至不同阶层的人，不能一起吃饭，一起玩，更不能通婚。如果不同等级的人结了婚，那就会受到谴责和歧视，甚至要予以惩罚。

（注：印度种姓制度的法律地位早已被废除，但在实际生活中，其仍扮演着相当重要的角色。）

不当王子当佛祖

公元前6世纪初，一天早上，印度迦毗罗卫（位于今尼泊尔境内）王国传出一个爆炸性的消息——王子乔达摩·悉达多离宫出走了！

听到这个消息，很多人都表示难以置信。

王子从小含着金勺子出生，吃得香也穿得暖，还有美丽的妻子和可爱的孩子，为什么要出走呢？

原来，很久以前，王子一直是过得很快乐的，而且以为全世界的人都像他那样，过着富有而又快乐的生活。

直到有一天，他走出宫殿，吃惊地发现，原来世界上还有这么多老人、病人、穷人，还有这么多生活过得不如意的人。

这些人的苦难深深地打动了他，所以他决定离开王宫，帮助一切值得帮助的人。

几年后，王子创立了一个新的宗教——佛教。

他告诉人们"众生平等"，也就是说，人生来是平等的，不应该有等级之分。

王子的主张，引起了婆罗门教徒的不满。而受苦的人们却觉得佛教比较平等，开始改信佛教，并尊称王子为"佛祖"，意思是"知道一切的人"。

从此，佛教在印度渐渐地流传开来。

奇幻漂流

哪个是真,哪个是假?

编辑老师:

您好!从记事起我就知道,我们首陀罗的地位十分低贱,因为首陀罗是从天神的脚上生出来的,所以只配给更高等的人洗脚。

可是,婆罗门教不是说只要好好做事,人死可以再生吗?为什么我们却连再生权也没有?就算我以及我的子孙做再多的好事,下辈子,下下辈子都是首陀罗!这实在是太不公平了!

现在佛教告诉我们,众生平等,无论是什么人,死后都可以重新投胎。穿穿老师,这是真的吗?如果是真的,我愿意改信佛教!

一个理发匠

理发匠兄弟:

你好!你的问题,实在是让我为难。因为我是无神论者,不相信鬼神或灵魂的存在。不过,每一个宗教都有自己的信仰,没有什么对错之分和真假之分。关键是你愿意相信哪个,愿意选择哪个,哪个就是最适合你的。

既然你已经对婆罗门教产生了怀疑,那又何必勉强自己呢?

无论你最后选择什么教,我都会祝福你。

编辑 穿穿

名人来了

特约嘉宾 净饭王（简称"净"）

越越（简称"越"）

> 嘉宾简介：古印度迦毗罗卫王国的国王，释迦牟尼的父亲，属于刹帝利种姓。曾千方百计阻止儿子出家，想让他继承王位。但在儿子成道之后，他也加入了佛教。

越：国王您好，感谢您能抽出宝贵的时间，来接受我的采访。

净：不用谢，你我相识，即是有缘。

越：听说王子是深夜离开的王宫，连告别都没说一声。

净：唉，可能他知道，要是说了，就走不了了吧。

越：怎么了？您不是对他百依百顺的吗？

净：其他事我可以依着他，但要提到出家，我之前是打死也不同意的。他跟我提过好几次，我把他也关过几次了。

越：呃，好强悍的爸爸呀！

净：我甚至还命令侍卫寸步不离地跟着他，命令宫女唱歌跳舞地讨他欢心，想让他放弃出家的念头。

越：唉，看来父母喜欢把自己的思想强加给孩子这件事，哪个年代都有啊！

净：你这话是什么意思？

越：没……没什么意思。听说您的儿子刚出生时，走了七步，每一步都踩出一朵莲花？

净：对。我儿刚出生时，就会说话，不用人扶就会走路。我的妻子在生他之前，还梦见过一头白象。

越：这么神奇？那您和王后岂不是把他视作珍宝？

净：（抹了一把眼泪）他的母亲在他出生七天后就去世了，他是他的姨母带大的。我之前也想不通，他怎么做王子做得这么痛苦呢？多少人都想过他这种日子还过不上呢！

名人来了

越：那您的意思，您现在想通了？

净：嗯。我想通了。每个人都会有痛苦，包括我这个国王。痛苦不会因为我是国王，他是王子而少一点。

越：但是，做老百姓的痛苦只会比你们多，不会比你们少！

净：所以我儿才会立志拯救天下苍生，帮助他们脱离苦海。

越：也就是说，您现在已经完全支持他的事业了？

净：嗯，不但是支持，我现在也随他入了佛教，他的妻子和儿女也随他入了佛教。

越：啊，那您现在不考虑国王的宝座给谁坐了吗？

净：我不坐，自然有人坐，这个不用我操心。我先前那样逼他，不但我痛苦，他也很痛苦，这一切，都是因为我的欲望太多。

越：呃，不理解。

净：你想，如果一个人有了99个金币，可是他不去享受这99个金币带来的快乐，而是用尽手段想把99个金币变成100个金币，这样的人会快乐吗？

越：（陷入深思）……

净：他永远不会快乐，因为他一旦有了100个金币，他又会想得到101个金币或是更多。

越：嗯。有道理，知足才会常乐。

净：所以，要不要像我一样出家？我会为你解答所有的困惑。

越：这个……我听说出家要剃光头，我暂时还不想剃去我的三千烦恼丝。

净：不剃也没关系。

越：（窘）我……我还想吃肉！听说佛教中人不能喝酒，也不能吃肉？

净：是的。

越：哎，可我是个无肉不欢的俗人，吃不了素啊。——我还有点事就先走了，国王再见！

不得偷看《吠陀经》

《吠陀经》是印度最古老的作品，也是婆罗门教最重要的经典。任何低级种姓的人不得与它接触，即使是听一听高级种姓的人诵经，或是看一看经书也不行。

望大家相互转告。

高贵的婆罗门

处刑公告

前天晚上，某刹帝利姑娘外出归家时，看到低贱的旃陀罗人，回家就用香水使劲冲刷自己的眼睛，结果让眼睛受到重创。

根据法典，这个旃陀罗人将受到挖除眼睛的处罚。希望其他旃陀罗人引以为戒，夜晚不要在各处随意乱逛。

高贵的婆罗门

王后要回娘家生孩子

根据我国风俗，妇女头胎分娩，必须回娘家。

现在王后要生了！这是国王和王后的第一个孩子，国王很重视，除了为王后准备好了两头大象载的轿子，还准备派一些有经验的宫女和大臣们送王后回娘家去。欢迎有经验的妇女来我处报名，一旦王后顺利诞下麟儿，国王定当重赏。

迦毗罗卫王宫

智者为王

智者为王 第③关

1. 摩西带着犹太人要去哪个地方？
2. 海上民族是指腓尼基人吗？
3. 犹太人的第一个国王是谁？
4. 犹太教徒的圣城"耶路撒冷"是什么意思？
5. 犹太国王中最有智慧、执法最公正、最善于解难释疑的是哪个？
6. 以色列王国被谁灭亡了？
7. 被称为"世界七大奇迹之一"的巴比伦建筑是什么？
8. 犹太人自哪次事件之后，再次失去了家园？
9. 哪本史诗珍藏在亚述巴尼拔的图书馆里？
10. 新巴比伦的奴隶可以拥有自己的财产吗？
11. 第一批会用棉花织布的人是什么人？
12. 种姓制度把人们分成了哪四个等级？
13. 佛教源自哪里？
14. 在种姓制度中，哪个种姓的人必须为高种姓人洗脚？
15. 印度最古老的作品是什么？

智者无敌 王者为大

【公元前553年—公元前529年】

波斯帝国的崛起

穿越必读

两河流域和印度河流域之间的伊朗高原，是古代波斯人的家园。公元前550年，波斯的居鲁士大帝经过一系列的征战，建立了一个从印度到地中海的特大帝国，后人尊称他为"伊朗国父"。

顺风快讯

欢迎来自大草原的客人
—— 来自伊朗高原的快讯

（本报讯）在两河流域和印度河流域之间，有一片多山的地区，叫伊朗高原。

公元前2000年左右，一群人赶着牛羊来到这里。他们自称是雅利安人，来自美丽的亚欧大草原，以放牧为生，哪里水草丰盛，就往哪里走。

走着走着，他们一支向西，去了欧洲；一支向南，去了印度；还有一支，就来到了伊朗高原。

不过，来到高原的这些雅利安人并没有住在一起，而是分成两支，一支叫波斯人，住在伊朗南部；一支叫米底人，住在伊朗中部。

当然，波斯人和米底人并不是这片高原最初的主人。在他们迁来之前，这里已经有了一个强大的埃兰王国。

对于客人们的到来，埃兰人表示了热烈的欢迎。

于是，波斯人和米底人在山坡和平原上开始了崭新的生活。

来自伊朗高原的快讯！

世界风云

高原上的新霸主

一开始，米底和波斯是半斤对八两，旗鼓相当。后来，米底因为靠近埃兰，逐步强大，先一步建立了国家。

米底国的第一个国王叫迪奥塞斯。在米底还没有国王之前，他常常热心地为人们解决纷争，主持公道，人们也渐渐习惯了有什么事就找他。

然而，有一天他却突然宣布——处理这些事太浪费时间了，对他也毫无益处，他不想做了！

这下如何是好？米底人于是聚集在一起，开会讨论说："这样下去，大家都做不好事了，不如我们让他当我们的国王吧！"

迪奥塞斯趁机提了个要求——给他一支国王护卫队，并给他修建一所国王住的城池。

米底人求贤若渴，一一照办。

什么样的城池呢？据见过的人描述，光城墙就有七圈，而且一圈比一圈高，最外面的一圈是白色，第二圈是黑色，第三圈是紫色，第四圈是蓝色，第五圈是橙色，第六圈是用银子包裹，最里面一圈则更神奇，是用黄金做的！

天哪！光听描述，就仿佛置身在一座人间天堂——到处都闪耀着黄金和珠宝的光泽，到处都散发着牛奶和酒的芬芳……

好了，名分有了，城池也有了，一切的排场都摆足了。迪奥塞斯开始端起国王的架子来——

世界风云

他规定：任何人都不能直接面见国王，有什么事，先通过报信来办理。任何人看到国王，都不准嬉皮笑脸，更不准吐唾沫（难道米底人有这恶习？那必须得禁止），违者将处以严厉的惩罚。

除此之外，迪奥塞斯还在各地安插了密探。如果有人做坏事，就会被送到国王那里去，受到相应的惩处。

在迪奥塞斯的治理下，米底人变得井然有序，慢慢强大起来。

公元前639年，埃兰王国被亚述帝国灭亡。米底人却在对抗亚述帝国的斗争中，越战越强，最终联合新巴比伦，一起摧毁了亚述帝国，一跃成为伊朗高原的新霸主。

世界风云

一个怪梦引发的战争

米底王国称霸高原后，一些小国纷纷俯首称臣，波斯也不例外。

此时，波斯已经建立了阿契美尼德王朝，虽然曾经分成东西两半，但在国王冈比西斯的努力下，东西波斯很快得到了统一。米底国王见他年轻能干，又老实听话，就把自己的女儿嫁给了他。

然而，有一天，米底国王却做了一个梦，梦见女儿肚子里长出了葡萄藤，枝叶繁茂得盖住了整个亚细亚。

解梦的僧侣听了，大惊失色，说公主的后代将摧毁米底王国！

国王吓得出了一身冷汗，连忙派人去把怀孕的女儿从波斯接回来。不久，公主果真生出一个男孩。这个男孩就是居鲁士（史称居鲁士二世）。

男孩一出生，国王就让王室总管把小居鲁士抱走杀掉。

总管不忍心，把小居鲁士交给了一对牧羊人夫妇。牧羊人夫妇也不忍心，暗暗地把孩子留了下来。

转眼间十年过去了。有一天，小居鲁士和小伙伴一起玩游戏，被大家选为国王。

有一个贵族的孩子，对奴隶的孩子做国王不服气，拒绝服从居鲁士的命令。"国王"就下令让"卫兵"揍了他一顿。

那孩子被"释放"后，就和父亲一起去找国王告状。

国王为了维护贵族的身份，把小居鲁士和牧羊人叫了过来，训道："你身为奴隶，居然敢打贵族的孩子，你可知罪？"

世界风云

小居鲁士却镇定自若地回答:"陛下,所有孩子都选我当国王,他也同意,却不服从命令,这才受罚。如果因为这个原因要处罚我,请陛下随意处置。"

国王见小居鲁士一副王者派头,长得跟自己又有点相似,年龄还跟当初被处死的外孙差不多,于是生了疑,开始审问牧羊人。

一番严刑拷打后,牧羊人只好把事情原原本本地告诉了国王。

国王一怒,把总管十三岁的儿子杀死做成一盘菜,让总管吃下以示惩罚。

解梦的僧侣知道后,对国王说:"这个孩子既然已经当过国王了,就不会当第二次国王了。你把他送回到他父母身边去吧。"

国王大喜,于是把小居鲁士送回父母身边去了。

世界风云

波斯人民站起来了

居鲁士长大成人后，成了波斯人的首领。由于他英勇善战，且富有谋略，波斯的势力越来越强大。

这时，曾经亲如一家的米底王国和新巴比伦的关系却开始破裂。双方连年用兵，老百姓怨声载道。

有一天，居鲁士召集了波斯所有的青壮年，让他们在一天之内，把一块长满荆棘的土地开垦出来。大家完成任务后，累得筋疲力尽，躺在地上一动也不想动。

第二天，居鲁士把家里的牛、羊全部宰了，给大家做了一顿丰盛的美餐。

待到大家酒足饭饱，居鲁士站起来问道："你们是喜欢昨天那样，还是喜欢今天这样呢？"

大家说："当然是今天这样！昨天感受到的是痛苦，今天感受到的是快乐！"

居鲁士这才说出自己的想法："如果你们想享受无数今天这样的快乐，那就应该站起来反抗米底人！波斯人不比米底人差，为什么要遭受他们的奴役？"

原来这些年来，波斯人一直被米底人当做二等公民，每年要向米底缴纳各种赋税，更可恶的是，如果波斯人在街上不小心碰到米底人，身份低的，还要吻米底人的面颊；身份相等的，要吻米底人的嘴唇；身份过于悬殊的，就要拜倒在米底人的面前，受

世界风云

尽米底人的欺凌。

因此，波斯人对米底人窝了一肚子火，早就盼望有人能带着他们去推翻米底了。

而米底国王呢，听说居鲁士叛乱，立刻让总管担任三军统帅去对付居鲁士。

他哪知道，这些年，总管一刻也没有忘记自己的杀子之仇，一直在和居鲁士密谋如何把米底推翻。

结果可想而知，有总管的策应，居鲁士率领军队经过三年的苦战，攻入米底都城，使波斯成为一个强盛的帝国。

从此，波斯人民终于站起来了！

谁的财富

波斯对米底王国的征服，引起了邻国吕底亚的不安。

吕底亚位于西亚，是一个富庶的小国家。据说他们的国王克罗索斯拥有数不清的黄金，是全世界数一数二的大富豪。

小小的吕底亚，为何这么有钱呢？说起来，这个还是克罗索斯的功劳。

很久以前，人们做买卖时，通常用金块、银块来做交易。买东西时，要先用秤把金块或银块称一称，再付给商贩，极为不便。

公元前660年左右，聪明的克罗索斯想出一个好办法——他把大金块分成若干个小块，每一块称好后，把重量标记在上面。而且把自己的名字标在金块上面，以国王的名义担保，金块确实有这么重。

这种方法简便可行，因此，人们很乐意与吕底亚人做生意，吕底亚也因此富得流油。

富有的吕底亚和米底王国不仅是盟友，还是亲家——米底国王阿斯提阿格斯娶了克罗索斯的女儿，双方有着海一般深厚的感情。

见米底受难，约公元前547年，克罗索斯率军杀向波斯。

可是，双方一交战，吕底亚的马就像突然受了什么刺激似的，到处乱跑，吕底亚人被搞得措手不及。结果，还没弄清楚是怎么回事，就败下阵来。

世界风云

那马怎么会乱跑呢?

原来波斯人弄来一批骆驼打头阵,马一闻骆驼的臭味就受不了,怎么也不肯向前冲。结果,吕底亚惨败,克罗索斯被活捉了。

就在居鲁士二世命人架起柴堆,准备将他烧死时,克罗索斯向四周望了望,问居鲁士:"国王,您的士兵正在做什么啊?"

居鲁士回答:"他们正在掠夺你的城市,抢走你的财富!"

克罗索斯说:"不是我的城市,也不是我的财富。他们正在掠夺您的财富啊!"

居鲁士听了大为震动,急忙下令停止抢夺,并把克罗索斯从火堆上解救下来,请他当波斯的国家顾问,为自己出谋划策。

自由广场

世界之王！伟大的王！

某波斯小兵

你们知道吗？新巴比伦的祭司和国王闹矛盾，结果打开城门，让我们大帝不费一兵一卒，就轻轻松松占领了巴比伦，真是天助波斯啊！！

我看巴比伦人每天大吃大喝，把脑子吃糊涂了！他们不但把波斯人请进去，还为居鲁士大唱赞歌，说他是巴比伦的救星！——我的天！这样吹捧敌人，我还是第一次见！

吕底亚商人

犹太人

这不是吹捧！是大帝应得的赞誉。要不是他，我们数万犹太囚徒现在都还困在新巴比伦的囚牢里，不知何时才能重归旧土，再建家园！所以，我们犹太人永远感激他、尊敬他！

说得太好了。我们大帝是位仁慈的国王，每征服一处地方，都严禁军队烧杀掳掠，尊重当地人的信仰和传统。这样的人当国王，谁不喜欢呢？

现在，不但是新巴比伦，就连一向顽固的腓尼基人，也任凭我们伟大的王调遣呢！

种小麦的农民

嘻哈乐园

奇幻漂流

该把王子作为人质吗？

编辑老师：

您好！攻灭巴比伦后，现在整个西亚北非地区，就只有埃及还没有归顺波斯了。

当然，征服埃及并不难，我最担心的还是东边的游牧民族马萨革泰人。他们非常好战，来去如风，常常骚扰我们边境，是波斯的一大隐患。

本来，我希望和他们的女王"和亲"，用和平的方式把两家变一家，却被女王回绝。无奈之下，我只好用战争来解决问题了。

现在，我们不但打败了马萨革泰人，还活捉了女王的儿子。我该不该将他作为人质，让女王俯首称臣呢？

居鲁士大帝

尊敬的居鲁士大帝：

您好！我知道您一向攻无不克，战无不胜。不过，据我所知，您这次赢得并不光彩。

您明明知道马萨革泰人只喝奶，不喝酒，却设下计谋把他们引入大营尽情吃喝，待到烂醉如泥时再一举抓获。

虽说"兵不厌诈"，但以您的实力，完全可以在战场上堂堂正正地打败他们，何必采用这样的手段呢？

事到如今，建议您把王子送还女王。双方坐在一起好好谈一下，说不定您还能兵不血刃地再次拿下一块属地噢。

编辑 穿穿

（注：王子酒醉醒来后，发现被活捉，伏剑自杀。女王悲愤之极，倾尽全部兵力与居鲁士决一死战。最后，波斯军队几乎全军覆没，居鲁士也不幸阵亡。）

名人来了

特约嘉宾
居鲁士大帝
（简称"居"）

越越
（简称"越"）

> 嘉宾简介：他明明是一个外来的征服者，却总被人们当作本土的统治者。有人称他是慈祥的父亲，有人称他是做人的楷模。人们由衷地赞美他，颂扬他的名字，他就是有史以来口碑最好、最得民心的帝王——居鲁士二世。

越：尊敬的国王，想不到您的颜值这么高！怪不得那么多艺术家喜欢刻您的雕像。

居：还好。男人重要的不是长相，而是能力。有什么问题赶紧问吧，待会我还要出征！

越：您就不能歇一会儿吗？

居：不行不行，一天不骑马，我就一天不舒服。

越：好吧，那我快点。——听说你们波斯人从不说谎话？

居：是的，波斯的父亲只教儿子三件事——骑马、射箭和说老实话。

越：哦，那我想问问，为什么你打败自己的祖父，却还把他放在自己身边？要说实话噢。

居：作为敌人，他已经战败了，我没必要赶尽杀绝；作为祖父，我理应孝顺他，这是我们波斯的优良传统。

越：不对敌人赶尽杀绝我能理解，那为什么还把吕底亚国王放在身边呢？

居：他们国王很聪明，我想跟他学习学习。

越：聪明？聪明的话，他就不会和你们打仗了。

居：哦，这话怎么说？

越：因为你们穷啊，就算赢了，吕底亚能得到什么呢？但是如果输了，那吕底亚的损失就不可估量了。

居：有道理。小记者还挺聪明的嘛。

越：呃，这不是我说的，是吕底亚人给自己国王的劝告。

居：这么说来吕底亚聪明人还挺多。那克罗索斯为何还是坚持向我们宣战呢？

越：据说是在跟您交战前，克罗索斯得到一个神的指示。

居：哦，什么指示？

名人来了

越：神告诉他，当一匹骡子变成米底国王时，他就会失去所有的权力。

居：**荒谬！骡子不过是马和驴的产物，怎么会当上国王呢？**

越：是啊，克罗索斯也觉得荒谬啊，所以才敢向您挑战。其实他不知道，那骡子实际上指的就是您！因为您的母亲是米底的公主，父亲却是波斯的贵族。

居：**（微愠）嗯，你在骂我？**

越：小民不敢。——我的意思是，您说克罗索斯聪明，其实他有时候也挺笨的。

居：**他只是一时鬼迷心窍。要是真笨，我也不会把他留在身边了。**

越：国王英明。那您不担心他造反吗？

居：**疑人不用，用人不疑。老是怀疑别人，就做不好事情。既然用了他，就要多看他的长处。如果能把人家的长处，变成自己的，那就是再好不过了。**

越：怪不得你们会穿米底人的服饰，也会戴埃及人的铠甲。

居：**只要是美好的、先进的东西，不管是谁的，如果能变成我们波斯人自己的，就是好的。**

越：其实波斯人也优点多多，质朴、勇敢、诚实，还能吃苦。

居：**这个自然，比起其他民族，我们是最优秀的，离我们越近的人就越优秀。**

越：那离你们最远的，是最差劲的啰？

居：**你不觉得吗？**

越：咳——咳——

居：**大胆，居然敢在我面前乱喷口水！不知道我们波斯人最爱干净，最讨厌粪便、口水、头发、指甲这些东西吗？来人，拖下去！**

越：这个我是真的不知道，请原谅我这一次吧！

居：**（脸色有所缓和）哦，不知者不怪罪。继续吧——**

越：多谢国王恩典。——最后一个问题，为什么波斯的战俘和奴隶得到的待遇比别处要高，甚至还可以有自己的家产？

居：**你不觉得，有时候，仁慈比武力镇压更有力量吗？**

越：国王英明！相信在您的带领下，波斯人一定会名垂青史！

广告贴吧

关于吕底亚人的规定

为加强对吕底亚人的管理，现规定：

吕底亚人在外衣内必须穿紧身衣，下身穿半长筒靴子；所有吕底亚人以教孩子弹琴或经营小买卖谋生，不得从事其他行业；任何吕底亚人均不得私藏武器。

以上规定如有违反者，一律严惩。

波斯第一帝国

（注：这种规定改变了吕底亚人的生活方式。吕底亚人从此安居乐业，再也没有反叛过波斯。）

回家吧，犹太人

流落在外的犹太人，你们的耶路撒冷圣殿已经修好，快快回到你们的祖国去吧。没带钱物也没关系，如果你们需要帮助，看到你们的人都会予以援手。

波斯王

请给我们一点食物吧

好心的叔叔阿姨、哥哥姐姐们，我和我的小伙伴们被人追捕，已经几天几夜没吃东西了，我们实在是太饿了，可不可以给我们一点食物，麦饼、汤饼、烤饼、面包或者面条都可以，谢谢大家。

被追捕的孩子们

第11期

【公元前529年—公元前522年】

神经病和冒牌货

穿越必读

居鲁士死后，新国王冈比西斯刚愎自用，残暴不仁，老百姓因此怨声载道。有人趁机假冒他的弟弟阴谋篡位，结果，整个帝国都背叛了他……

顺风快讯

波斯王要娶埃及公主
——来自波斯爱克巴坦那的报道

（本报讯）居鲁士二世死后，他的儿子冈比西斯（史称冈比西斯二世）继承了王位。

冈比西斯跟父亲完全不同，刚愎自用，残暴无情，据说是因为患有癫痫病，容易发疯。

听说埃及的医生医术高超，冈比西斯便向埃及的法老索要一名最好的医生。

法老不敢得罪波斯，于是选中一个医生，不管人家愿不愿意，就把人家强行送了过去。这个医生因此对法老心怀不满，心想，既然你让我妻离子散，我也不会让你好过。

他知道法老十分宠爱自己的独生女儿，便跟冈比西斯说，法老有一个如花似玉的女儿，怂恿他去向法老求亲。

埃及的法老会答应冈比西斯这个要求吗？

（注：爱克巴坦那，波斯首都，即今伊朗哈马丹。）

来自波斯爱克巴坦那的报道！

聪明一世，糊涂一时

编辑老师：

您好！我是埃及法老阿玛西斯。最近波斯王冈比西斯向我的女儿求婚。可是，我只有这么一个宝贝女儿，怎么舍得让她远嫁他乡呢？更何况，他只是娶我女儿当侍妾，并不是当妻子。

可是，波斯实力强大，我也不敢得罪他。所以，我想到了一个办法，前法老的公主也是长得亭亭玉立，美丽动人。我把她送过去，既能保全我的女儿，又能满足冈比西斯的愿望。这个办法您觉得可好？

埃及法老　阿玛西斯

尊敬的法老：

您好！我知道您是个聪明人，虽然您是平民出身，但埃及人还是很尊重您。但您怎么聪明一世糊涂一时呢？您忘了您的王位是怎么来的吗？

当年，埃及军队发生叛乱，前法老派您去安抚他们。您不但没有平息叛乱，反而在大家的拥戴下做了法老，还把前法老抓住，杀死了。虽然这并不是您的本意，但这种杀父之仇，你觉得前法老的女儿会忘记吗？现在您把她送到强敌的身边，不正好给了她对付您的机会吗？

唉，纸终究包不住火。您还是好好备战，保护好埃及人民吧！

编辑　穿穿

（注：冈比西斯知道真相后，恼羞成怒，向埃及发起了一场大战。）

世界风云

这个国王病得不轻

公元前525年，冈比西斯打败埃及，当上了埃及的国王。埃及的法老和贵族们统统成了波斯的俘虏。如果是居鲁士在任，一定会对埃及人礼遇有加。可惜的是，这一次埃及人遇到的是冈比西斯。

为了庆祝这一"伟大"的胜利，冈比西斯举行了一次别出心裁的庆功仪式。

他让埃及法老和大臣们坐在城外，当着他们的面，命令他们的女儿穿上奴隶的衣服，拿着水桶去打水。

公主和小姐们从小衣来伸手，饭来张口，手不能提，肩不能挑，哪里受过这样的苦，一个个哭着、喊着从自己父亲面前走过。

父亲们一个个心如刀割，却又无可奈何，只能不停地抹眼泪。

接着，冈比西斯又让人将法老的儿子和其他埃及年轻人押送刑场，也从他们跟前经过。

埃及人看了，更是号啕大哭。一时间，哭声一片。

那场景，据在场的士兵们说，他们都不忍心看下去。可是冈比西斯却兴奋得手舞足蹈，跟个疯子一样。

第二年，冈比西斯又亲率大军出征努比亚，结果因为没有准备充分，还没到努比亚，粮食就吃光了，只好灰溜溜地撤了军。

世界风云

当他率军返回埃及时,发现埃及人正在举行盛大的祭祀活动,以为他们在嘲笑自己的失败,顿时怒从心中起,恶向胆边生,杀死了正在狂欢的埃及人,整个埃及都对他恨之入骨。

最可怕的是,他连自己人也不放过——先是杀掉了规劝他的王后,又当着一位大臣的面,杀死了该臣子的儿子。可怜这位大臣什么错也没有,只是告诉他,喝酒别喝得太多了。

他还因为一些波斯人犯了些小过错,就把他们给活埋了。克罗索斯向他劝谏道:"陛下,请克制一下吧,否则波斯人会背叛您的!"

冈比西斯根本不买他的账,还说:"你倒是挺有办法的,那为什么连自己的国家都治理不好呢?要不是听了你的建议,父王也不会战死疆场,我还没找你算账呢!"说着,就拿起弓箭,要射死克罗索斯。

幸好克罗索斯反应敏捷,一溜烟就跑了出去。冈比西斯叫侍卫把克罗索斯抓住。侍卫们知道他反复无常,偷偷地把克罗索斯藏了起来。冈比西斯知道后,就把这些侍卫们都杀死了。

现在,说起冈比西斯,不论是埃及人还是波斯人,大家都是咬牙切齿,就连大臣们也想除掉他。

大家都说,这样的神经病,什么时候才会死啊?

世界风云

国王是个冒牌货

公元前522年3月,波斯王宫传出一个消息——冈比西斯的亲弟弟巴尔迪亚宣布废掉冈比西斯,自己当国王了!而且他一上位就宣布:免去帝国境内所有居民3年的捐税和兵役!

痛恨冈比西斯的人听到这个消息,欣喜若狂,纷纷倒戈拥护巴尔迪亚。

冈比西斯知道后,急忙从埃及往回赶。不料,刚翻身上马,他腰间的佩刀滑下来,刺伤了大腿。

由于冈比西斯的精神病不时发作,态度恶劣,医生们都不敢为他看病,结果因为天气炎热,伤口不断恶化,十多天后冈比西斯就一命呜呼了。

这样一来,巴尔迪亚就成了真正的波斯王。

奇怪的是,新王登基几个月了,却没有一个人见过他,后宫的妃子也不准自由来往。

大家都很纳闷:"新王总是深居宫中,既不上朝,也不召见任何大臣,好像见不得人似的。这是怎么回事?"

到了第七个月,有一天,一个妃子在侍奉这位新王时,发现他没有耳朵,就把这个秘密告诉她的父亲——大臣欧塔涅斯。

欧塔涅斯仔细一琢磨,立即断定,这位新王不是巴尔迪亚,而是宫廷总管高墨塔!因为高墨塔与巴尔迪亚长得极为相似,却曾经因为重大过失,被割去双耳。

世界风云

原来，真正的巴尔迪亚早在出征埃及前，就被多疑的冈比西斯暗杀了。高墨塔知道这个内幕后，就打出巴尔迪亚的旗号，策划了这出戏。

真相大白，欧塔涅斯和其他六名贵族立即决定联合起来，夺回政权。他们先是在全国发布消息，说新国王是个冒牌货。没几天，这个消息便像火一般地传遍了全国。受到欺骗的老百姓激愤不已，纷纷要求杀掉高墨塔。

高墨塔见真相败露，狼狈地逃出都城，结果还是被七名贵族抓住，处死了。

嘻哈乐园

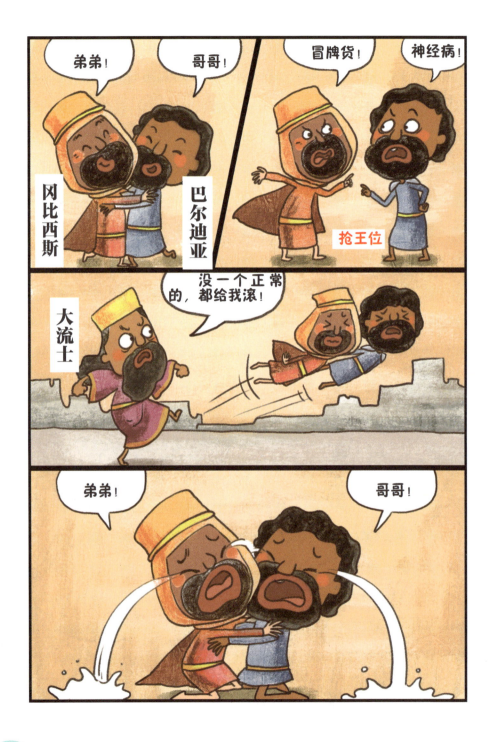

自由广场

高墨塔到底是谁？

车夫

高墨塔是谁？这还用问？就是那个冒充巴尔迪亚的米底穆护（王宫总管）啊！

这是官方说法，事实上，高墨塔就是巴尔迪亚。你们想想，从巴尔迪亚之死到高墨塔政变，有四年之久。以巴尔迪亚的身份，死了这么久不可能没人知道吧？我认为，大流士等人为了篡位，才用这个奸计杀掉了他。

铁匠

商人

既然巴尔迪亚是被暗杀的，那什么时候被杀，就没什么人知道。但高墨塔是谁，宫里的人会不清楚吗？仅凭这一点，就说明高墨塔只是一个跟巴尔迪亚长相很像的人罢了。

荒谬！如果是两个人，那他们都娶了同一个王后，王后为什么认不出来？这只能说明，高墨塔和巴尔迪亚就是同一个人！

小兵

店主

就算认出来了，人们也不会说。人们拥护"巴尔迪亚"，是因为冈比西斯的统治太残暴；人们拥护大流士，是因为"巴尔迪亚"的改革损害了贵族的利益。所以，统治者只有得人心，才能得天下，谁真谁假，谁关心！

名人来了

特约嘉宾
冈比西斯二世
（简称"冈"）

越越
（简称"越"）

> 嘉宾简介：他有一位伟大的父亲，即使守着父亲的疆土，他也可以做一位了不得的君王。然而，他却选择了另外一条路，不仅是外国人憎恨他，而且连本国人也对他恨之入骨，最终自取灭亡。

越：陛下，您的伤好些了吧？

冈：没长眼睛吗？你哪只眼睛看到我好些了？

越：您别生气，别生气，您这一生气，这伤口就更不容易好了！

冈：我……我着急啊！都说巴尔迪亚背叛了我，我得赶回去看看情况！

越：情况不容乐观啊，现在大家都很支持巴尔迪亚。您回去恐怕也是凶多吉少。

冈：现在波斯人怎么说我的？他们觉得我是一个什么样的人？

越：还是跟之前一样啊，他们说您什么都好，就是说您喝酒喝得太多，精神有点不太正常。

冈：这么说，以前他们说我的都是假话了？

越：什么话？

冈：以前我问他们，我和父皇比起来，谁更厉害？他们说我更厉害，因为我不但获得了父皇的所有领土，还获得了埃及和大海。

越：要这么说，您这是青出于蓝而胜于蓝啊。

冈：是啊，他们就是这样说的，听得我当时别提有多高兴了！

越：这是大家拍您的马屁，您也信？

冈：他们拍我马屁，说明他们怕我。现在为了喝酒这点小事就说三道四，说明他们对我不满，想害我！

越：您可千万不能这么想。大家只是关心您。

冈：关心我？你想知道他们说的是假话还是真心话吗？

名人来了

很简单，看见门口的那个孩子了吗？如果我一箭射过去，射偏了，就证明我确实像他们说的那样，精神失常了。——来人！
（侍卫急忙上前）

越：（急忙阻拦）陛下，人命关天，不可儿戏，上次您已经射死了一个孩子啊！（话音未落，冈比西斯已经一箭射死了那个孩子。）

冈：哈哈哈，怎么样，很明显吧？我并没有丧失理智，说假话的是波斯人。

越：陛下，您这样做，只能让波斯人离您越来越远啊。

冈：愚蠢的波斯人，他们还能够再蠢一点吗？那个夺我王位的根本就不是我弟弟巴尔迪亚！

越：您有什么证据？

冈：当年我不是讨伐过一次努比亚吗？努比亚你知道吧？

越：知道一点。据说努比亚人是全世界最魁梧、最漂亮、最长寿的人，而且有很多黄金！

冈：嗯。在出征之前，我派了一些人去探听努比亚人的情况。他们的国王扔给我们一把弓，说："等你们能够轻轻松松地拉开这把弓，再来攻打我们吧！"

越：那你们拉开那把弓了吗？

冈：很多人都没有拉开。但有一个人拉开了，就是巴尔迪亚。

越：那不是挺好吗？

冈：可是我做了一个梦，梦见有人告诉我，巴尔迪亚会夺走我的王位。我就派人把他杀死了。

越：口说无凭。您当初是派谁杀死了巴尔迪亚的呢？让他站出来指证吧！

冈：谁会承认自己谋杀了大帝的儿子呢！这可是大罪！

越：如果没有人相信您那就糟了，只有您自己回去澄清了！

冈：啊——啊——（突然气喘吁吁）我现在就是走不动啊！

越：唉！

冈：（转向侍卫和大臣）你们——你们——一定帮我把王位夺回来！夺——夺回来——啊——（昏死过去）

广告贴吧

告埃及臣民书

因为我出身低贱,你们看不起我,不尊重我。现在你们知道,你们天天顶礼膜拜的神像是个什么东西吗?它不过是我拿来洗脚的一个金盆铸成的!

一个洗脚盆铸成的神像,你们都会尊敬它,膜拜它。一个平民出身的国王,难道不值得你们尊重吗?

埃及第二十六王朝法老　阿玛西斯

给波斯人的一项建议

波斯人,你们若想成功地抵达埃及,可以把水装到皮囊里,再让所有的骆驼驮着这些皮囊,带到无水的沙漠地带。只要解决这个问题,你们就可以穿过沙漠了。

阿拉伯人

寻找失去的军队

几个月前,我们有一支军队奉命回国平息叛乱,但到现在都没看到他们的身影。据推测,他们极有可能在沙漠中迷了路,死于非命。若你们看到了他们的身影或尸体,麻烦告诉我们。他们的亲人非常想念他们。

波斯军人家属团

第12期

【公元前529年左右—公元前486年】

铁血大帝

穿越必读

  大流士夺得王位后,对内镇压叛乱,厉行改革,对外大肆扩张,开疆扩土,在短短的时间内,建立了人类历史上第一个具有世界意义的大帝国。

顺风快讯

马儿叫出来的国王
——来自爱克巴坦那的报道

（本报讯）冈比西斯死了，巴尔迪亚也死了。他们没有后代，由谁来当国王呢？争来争去，最后决定第二天早晨大家骑马到郊外集合，谁的马先叫，谁就当国王。

结果，最先叫的是大流士（史称大流士一世）的马。众人觉得这是天意，就让他当了国王。

不过，据大流士的马夫透露说，这根本不是天意，而是大流士自己导演的一出好戏。

原来，大流士那天晚上回来之后召见了马夫，让他想一个能让马先叫起来的办法。

于是马夫在天亮之前，把一匹母马带到郊外约定的地方，然后把大流士的马也带了去，和它一起玩耍。

第二天，当六人骑着马到达约定地点时，大流士的马以为那匹母马还系在那里，第一个就叫了起来。

唉，据说那五人知道后，都是哑巴吃黄连——有苦说不出啊！

来自爱克巴坦那的报道！

自由广场

权力交给谁最好？

欧塔涅斯的侍从

唉，为什么又弄出一个国王来呢？大家受这些暴君的苦还没受够吗？这种独裁是有百害而无一利的。一个人如果有了特权，再优秀，也会变得骄傲自满，为所欲为。像欧塔涅斯说的那样，把权力交给民众不好吗？一切职位由抽签决定，一切意见由公民自己裁决。法律面前人人平等，一切事情由公众决定。

这想法很好很天真啊！民众的水平参差不齐，愚蠢的、粗暴的民众更难对付。暴君再不好，起码明白他要做什么事；愚蠢的民众却只会横冲直撞。我认为应该像我们主人说的那样，让权力集中在一批最有才能的人手中才对。最优秀的人才可以做出最高明的决定。

美伽巴佐斯的门卫

大流士的马夫

一堆有才能的人在一起统治，也会产生不同的意见，到最后还是必须由一个人来决定。就像大流士所说的，由国王掌控一切是我们波斯长久以来的优良传统，为何丢弃不用呢？

世界风云

苦肉计，智取巴比伦

大流士上台时，波斯很多地方造反，尤其是巴比伦人，反了一次又一次。最严重的一次，他们甚至把自己的母亲送走，其他的女人几乎全部被杀死，就是为了节约点口粮，好给战士们打仗。

整个巴比伦城被守得像个铁桶似的，密不透风。波斯人打了一年多，都没能攻下来。巴比伦人甚至撂下一句大话："除非骡子能够生孩子，否则波斯人是拿不下巴比伦的！"

这时，有个叫佐披洛司的波斯贵族，跑来告诉大流士——他家的骡子真的生孩子了！

真的吗？大流士很惊讶，但更让他惊讶的是，佐披洛司的鼻子没了，耳朵没了，头发也剃光了，身上也是血迹斑斑，一看就是被人鞭打了一顿。

佐披洛司是波斯最有名的贵族。大流士见他变成这副模样，十分痛心，问他："是谁把你糟蹋成这样的？"

佐披洛司回答："除了您没有别人。这一切是我自愿的，为了帮助您拿下巴比伦！"

大流士说："愚蠢！为了立功，你居然干出这种蠢事？你以为这样，敌人就会投降吗？"

于是佐披洛司把自己的计划和盘托出。大流士想不出其他办法，见他已经变成这副模样，只好同意了。

世界风云

之后，佐披洛司伴装被波斯人追杀，逃到巴比伦城。对着巴比伦人，他一把鼻涕一把泪地说："都是那个该死的暴君把我害成这个样的，我一定要帮助你们打败他！"

巴比伦人见他伤成这样，半信半疑，让他带兵接二连三地去攻打波斯人。

佐披洛司一次比一次厉害，第一次，杀了一千多人，第二次杀了两千多人，第三次就更多了，杀了四千多人！巴比伦人很高兴，以为自己捡到了宝，于是彻底放下警惕，让他做军队统帅。

唉，他们哪里知道，这些胜利都是佐披洛司和大流士提前一步一步安排好的。

终于，在最后一次战争中，佐披洛司打开巴比伦的城门，把波斯军队放了进来。大流士拿下巴比伦城后，为了表示对佐披洛司的嘉奖，把巴比伦作为奖品，交给他终生治理。

也许你会觉得，为了一座城，把自己整成残疾人，一点都不值得。可在波斯人看来，荣誉比一切都重要。如果不是这样，有谁会记得佐披洛司呢？

世界风云

既能打天下，也能治天下

大流士平定各地的叛乱后，觉得自己很了不起。

有一次，他路过一个叫贝希斯敦的小村庄，见这里山清水秀，让人洋洋洒洒地写了篇一万五千多字的文章，赞美自己，刻在附近的悬崖峭壁上，好让后人知道他的功名，万古流芳。

大流士野心勃勃，四处征战。到了公元前6世纪，整个波斯帝国横跨亚、非、欧三大洲，成了世界上最庞大的国家。

可是，这么多的地区，这么多的民族，风俗不同，习惯不同，历史不同，该如何治理呢？

放心，这个难不倒聪明的大流士。他定了四个首都，然后想了一个很有创意的点子，将整个帝国划分为二十多个行省，由总督负责治理。总督呢，一般由当地的国王或首领担任，至于老百

世界风云

姓，爱干什么就干什么，帝国并不干涉。

而监督各地官员的，是一个叫"王室办公厅"的中央机构，最高长官为千夫长，地位仅次于大流士。没有他的同意，任何人都见不到大流士。

从中央派出的特使，叫做"王的耳朵"。他们经常到各地明察暗访，遇到重大事件，可以直接向国王举报。一旦发现有人不安分，就赐一杯毒酒，保证能让那人永远安静下来。

为了防止继续有人叛乱，大流士在行省制的基础上，又将帝国划分为五大军区，由将军统领。和总督一样，将军也由国王直接任命，听国王指挥。将军不用听总督的，总督也不用听将军的，大家井水不犯河水，谁都管不着谁。

波斯人一般都要服兵役。军队由步兵、骑兵、战车兵、象兵、海军、工程兵等兵种组成，以波斯人为核心，分别编成万人团、千人团、百人团、十人队四级。还有一支五六千人的舰队，由经验丰富的腓尼基水手担任骨干。

大流士还定了个规矩，留在当地驻守的军人不能是本地人，必须是外地的。比如，

排列整齐才不会乱！

世界风云

驻扎在埃及南部的就是犹太人。这样可以防止当地军人和居民勾结，引起叛乱。

最有名的军队，是大流士的卫队，负责保护大流士的安全，由一万人组成，并且人数永远不变，每死一人，就会立刻再补充一人，人称"不死军"。

大流士还统一了文字，确定了全国通用的"普通话"，规定全国的货币分为三种，即金币、银币和铜币。金币只有国王有权铸造，行省只能铸造银币和铜币。

除此之外，大流士还下令开通了一条运河，由尼罗河通向红海。由于交通发达，沿途又有卫兵保护，波斯和很多国家做起了生意。

总之，为了波斯，大流士做了很多很多事。大家都说，波斯能变得这么繁荣，一切都是大流士的功劳呢！

给我开通一条运河！

嘻哈乐园

奇幻漂流

我是不是违背了天意

编辑老师：

您好！我叫欧伊巴雷，是大流士手下的一名马夫。国王坐稳王位后，为了表彰我的功劳，给我立了一个碑，上面写道："我要感谢我可爱的马夫和那匹可爱的马，因为他们，我才赢得了波斯帝国！"

我知道后，是又高兴，又担忧。高兴的是国王承认我的功绩，担忧的是，我们波斯人从小就被教育，不能说谎，我这样做，是不是违背了天意，会不会受到惩罚呢？

欧伊巴雷

欧伊巴雷：

你好！我知道，诚实是波斯人尊奉的第一美德。其实，就像大流士所说的，在必要的时候，也可以说谎话。因为不管是说谎还是说真话，目的都是一样，那就是选出一个真正的波斯之王，达到和平共处。

而你的举动，有可能避免了一场刀光剑影的血战，换个角度想，这难道不是一件很有意义的事吗？

事实证明，大流士是一位伟大的王，是他带着波斯走过风雨，迈向了繁荣和富强。如果换作另一个人，也许是完全不同的结果。

据说居鲁士大帝曾经做过一个梦，梦见大流士的肩膀上，长出了一对翅膀，一只遮住了亚细亚，一只遮住了欧罗巴，也许这才是真正的天意吧！

编辑 穿穿

名人来了

特约嘉宾
大流士一世
（简称"大"）

越越
（简称"越"）

> 嘉宾简介：波斯帝国的第三代君主，文治武功都极其出色。在他的统治下，不管是帝国版图，还是帝国经济，都达到了前所未有的巅峰。虽然他不是历史上第一位所向无敌的征服者，但他却是第一位具有世界眼光的帝王。

越：尊敬的王，您好。听说您对排场很讲究，今日一见，果然名不虚传。

大：哦，大家怎么说的呢？

越：说您每次出场，身后都有一大群举着羽扇和大伞的随从和侍卫。

大：之前的宫廷太没规矩。身为王，当然要有作王的样子。怎么，不可以吗？

越：哦，当然可以。只是眼前隔着帷幔，看不到您的人，总觉得有点怪怪的。能否把这帷幔扯开呢？

（随从：大胆！能让你采访就不错了。居然还妄想用你的呼吸污染王的贵体！）

大：（向随从摆摆手）本王规矩就是如此，不光你是这样，所有大臣们朝见时还要双膝跪地。小记者是友邦人士，才给予特殊照顾，怎么，你也想跪一下吗？

越：噢，不用不用。这样挺好挺好。

大：无规矩不成方圆。我敢做，就不怕别人说。

越：除了讲究排场，听说您对饮食也很讲究，每天都有一批人专门为您运水。

大：没错，我只喝家乡的水，即使是出门在外也不例外。

越：除了运水，还有人专门为您送鱼。为了及时把爱琴海的鲜鱼送入宫中，您还下令修建了一条两千多公里的"王道"。

大：修驿道可不只是为了吃鱼那么简单。你知道我为什么总能很快知晓全国各地发生的事情吗？

越：（摇头）不知道。

名人来了

大：那是因为我在驿道上设置了一百多个驿站，让驿站的信使，用接力赛的方法，快马加鞭地传递公文，他们七天就能跑八千公里。

越：八千？了不得，这个距离走路的话，要九十天！

大：（点头）所以，这么慢的速度，怎么治理国家，怎么发展经济？

越：嗯，您说得对，"要想富，先修路"。

大：没错。走这个道，商人们的效率不仅会提高数倍，驿站的士兵还会尽全力保护他们。

越：原来是这样，那来波斯的商人肯定特别多吧！

大：（点头）嗯。商人们带来了许多我以前从未见过的东西。前些日子，印度商人带来了一种像白珍珠一样的粮食，既可以煮着吃，也可以蒸着吃，它叫……叫……

越：是不是稻米？

大：对，就是稻米。（失落）唉，可惜我只占领了印度的东北部。

越：呃，波斯的版图已经够大了！做人呢，不能太贪心。

大：没有一个国王会对自己的领土感到满足，我要抓紧时间，征服更多的地方。

越：那您是准备继续攻打印度吗？

大：不，我现在的目标是希腊。

越：呃，跟波斯比起来，希腊就是一只小蚂蚁，您这么厉害，打败他们应该易如反掌吧？

大：（有点脸红）咳咳咳，不好说不好说……上次中了他们埋伏，损失惨重。

越：呃，那我不问了，您多多保重。

（注：公元前492年，大流士发动了希波战争。波斯大败后，渐渐一蹶不振。）

广告贴吧

🐍 寻找国王

多年以前，我在市场遇到一名波斯的王宫侍卫。因为他特别喜欢我身上的红袍，我就送给了他。听说他现在就是波斯鼎鼎有名的大流士。现在我的国家萨摩斯遭了难，我很想请他帮我收回。有哪位可以帮我见到国王呢？相信他一定会记得我。

希腊萨摩斯的叙罗松

（注：大流士见到他后，感谢他赠袍的恩情，果然帮他收回了萨摩斯。）

👁 国王的宣言

我是大流士，是波斯的王，也是天下的王。从今以后，整个天下都是我的，所有的人必须执行我的命令，遵守我制定的法律。凡是服从我的人，我会给予赏赐；凡是抗拒我的人，我必予以严惩。

大流士

🦅 招庄园管理人

本亲王在埃及拥有大量庄园。听说下埃及有许多管理人特别出色，不但把主人的奴隶和财产保护得严严实实，还能想方设法为主人添置家产和奴隶。现招优秀管理人若干名，要求能为庄园尽忠尽职。但若是达不到以上要求，就是严重失职，将予以严惩。

波斯亲王　阿尔沙米斯

智者为王 第④关

1. 波斯第一帝国的第一个国王是谁?
2. 哪个王国把公主嫁给了新巴比伦国王?
3. 伊朗高原最初的主人是波斯人吗?
4. 哪个国家发明了货币?
5. 是谁把犹太人送回了家乡?
6. 波斯的哪个国王成了埃及王?
7. 高墨塔原是宫廷的什么人?
8. 波斯共有几大军区?
9. 王室办公室仅次于国王的长官是什么?
10. 波斯通用的货币是哪三种?
11. 整个地中海,除了哪个国家,其他都是波斯帝国的属地?
12. 铁血大帝是指谁?
13. 大流士是用什么计策夺回了巴比伦?
14. 谁统一了波斯的文字、货币?
15. 公元前6世纪,横跨亚、非、欧三大洲,世界上最大的国家是哪一个?

智者无敌 王者为大

智者为王答案

第①关答案

1. 古巴比伦文明、古埃及文明、古印度文明以及中国文明。
2. 美索不达米亚平原。
3. 苏美尔人，楔形文字。
4. 《吉尔伽美什史诗》。
5. 萨尔贡。
6. 库提人。
7. 创造了"六十进位法"。
8. 古巴比伦王国。
9. 《汉穆拉比法典》，汉穆拉比。
10. 赫梯人。
11. 公元前18世纪。
12. 尼罗河。
13. 天狼星。
14. 祭司。
15. 古埃及人。

第②关答案

1. 乔塞尔。
2. 因为古埃及人相信，人死了还会复活。
3. 胡夫金字塔。
4. 都是。
5. 不是，是宰相伊姆霍特普。
6. 哈夫拉。
7. 希克索斯人。
8. 哈特舍普苏特，22年。
9. 倡大家信奉一个太阳神阿吞。
10. 赫梯王国。
11. 太阳神。
12. 拉美西斯二世。
13. 一种紫红色的大袍子。
14. 腓尼基人。
15. 腓尼基字母。

智者为王答案

第❸关答案

1. 迦南。
2. 不是，是指腓力斯丁人。
3. 扫罗。
4. 和平之城。
5. 所罗门国王。
6. 亚述帝国。
7. 空中花园。
8. 第二次巴比伦之囚。
9. 《吉尔迦美什史诗》。
10. 可以。
11. 达罗毗荼人。
12. 婆罗门、刹帝利、吠舍、首陀罗。
13. 印度。
14. 首陀罗。
15. 《吠陀经》。

第❹关答案

1. 居鲁士二世。
2. 米底王国。
3. 不是，是埃兰人。
4. 吕底亚国。
5. 居鲁士二世。
6. 冈比西斯二世。
7. 宫廷总管。
8. 五大。
9. 千夫长。
10. 金币、银币和铜币。
11. 希腊。
12. 大流士一世。
13. 苦肉计。
14. 大流士一世。
15. 波斯。

世界历史大事年表

时　　间	世界大事记
约公元前3500年	苏美尔人在两河流域建立城邦
约公元前3100年	美尼斯统一上下埃及
公元前2371年	萨尔贡统一两河流域
约公元前2500年	印度河流域出现哈拉巴文化
约公元前2000年	雅利安人进入印度
公元前1894年	古巴比伦王国建立
公元前1792年	汉穆拉比颁布《汉穆拉比法典》
约公元前1800年	犹太人从巴勒斯坦来到埃及
约公元前1674年	希克索斯人征服埃及
公元前1595年	赫梯王国灭亡古巴比伦王国
公元前1379年	古埃及埃赫那吞宗教改革
公元前1285年	古埃及和赫梯十六年之战开始
公元前1250年	摩西率领犹太人出埃及
公元前1000年	大卫王定都耶路撒冷
约公元前814年	腓尼基人在迦太基建城
公元前689年	亚述帝国毁灭巴比伦城
公元前671年	亚述帝国征服埃及
公元前626年	新巴比伦王国建立
公元前612年	亚述帝国灭亡
约公元前586年	巴比伦之囚
约公元前6世纪	新巴比伦"空中花园"问世
公元前5世纪	印度释迦牟尼出生
公元前550年	居鲁士二世击败米底王国
约公元前539年	波斯灭掉新巴比伦王国
约公元前530年	佛教在印度产生
公元前525年	波斯灭掉古埃及
公元前518年	波斯大流士改革